日 思 夜 读 · 逆 境 卷

没有一条直路
让你出类拔萃

人民日报新媒体中心 主编

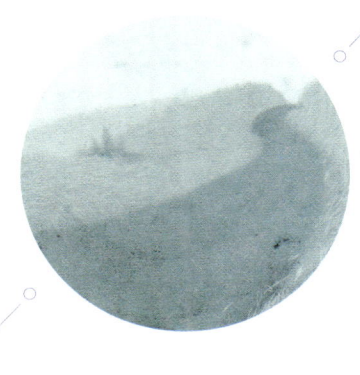

人民日报出版社

图书在版编目 (CIP) 数据

日思夜读. 逆境卷 : 没有一条直路让你出类拔萃 / 人民日报社新媒体中心主编.—北京：人民日报出版社，2017.12
ISBN 978-7-5115-5131-3

Ⅰ.①日… Ⅱ.①人… Ⅲ.①散文集-中国-当代 Ⅳ.① I267

中国版本图书馆 CIP 数据核字 (2017) 第 295339 号

书　　名：日思夜读. 逆境卷 : 没有一条直路让你出类拔萃
作　　者：人民日报社新媒体中心

出 版 人：董　伟
责任编辑：谢广灼
装帧设计：宁亚茹

出版发行：人民日报出版社
社　　址：北京金台西路 2 号
邮政编码：100733
发行热线：（010）65369509　65369527　65369846　65363528
邮购热线：（010）65369530　65363527
编辑热线：（010）65369533
网　　址：www.peopledailypress.com
经　　销：新华书店
印　　刷：北京中科印刷有限公司

开　　本：880×1230mm　　1/32
字　　数：139 千字
印　　张：8.5
印　　次：2018 年 1 月第 1 版　　2018 年 1 月第 1 次印刷

书　　号：ISBN 978-7-5115-5131-3
定　　价：42.00 元

目录

不是所有坚持都有结果，
但是总有一些坚持，
能从一寸冰封的土地里，
培育出十万朵怒放的蔷薇。

010　你值得拥有你想要的美好 / 白杨

014　你不对这世界柔软，只说明你内心不够坚强 / 菜菜

017　这一路的经历，比什么都重要 / 李尚龙

023　看不清未来，就把握好现在 / 刘同

030　愿所有的负担，都变成生命的礼物 / 木子玲

034　无路可走时，你才能更快学会飞 / 沐沐

040　凡是没有打败你的，都会让你更强大 / 尚军

045　迷茫的时候，要选择难走的那条路 / 许威

049　那些艰难的日子，终究会离你而去 / 丫头的徐先生

054　你觉得糟糕，未必是真的糟糕 / 闫晓雨

058　谁的人生不迷茫？ / 谷润良

062　为什么听过很多道理，却依然过不好这一生 / 初小轨

067　你有多久没在夜晚，仰望过满天繁星 / 张怀仁

070　别轻易放弃手中的"烂牌" / 冯慧文

B

从现在开始，
从现在开始一点点努力，
然后能成为好一点的人就好了。

077　没有一条直路让你出类拔萃 / 慧慧

081　怕什么困难无穷，进一寸有一寸的欢喜 / 江罗

086　一受挫就止步，怎么能等到柳暗花明 / 刘小甜

091　没有一种委屈是单为你准备的 / 尚军

096　再咬咬牙就好了 / 伊汶

102　跨不过去是苟且，跨过去了是远方 / 尹惟楚

107　出路出路，走出去才有路 / 赵星

111　你赤手空拳来到人世，为了心中的那片海洋 / 这么远那么近

118　生命中最难的阶段，是你不懂你自己 / 这么远那么近

123　梦想终究会靠岸 / 朱少军

126　那些能从黑暗中穿行而过的人 / 艾力

131　孤独究竟教会了我什么 / 伊心

137　没那么难，不信你试试 / 丫头的徐先生

141　迷茫时，何不逼自己一把？ / 蒋波

目录

痛苦的回忆会成为明天的粮食，
使我们变得坚强。人类拥有这种力量，
坚强地迈出步伐，
我也会坚定地继续前行。

151　幸亏那些艰难的日子你没有妥协 / 尚军

157　只想告诉你，我为什么要拼 / 少女喵

164　留着所有力气变美好 / 孙晴悦

169　你总抱怨得不到，其实也没多想要 / 陶瓷兔子

174　身处低谷，怎么走都是向上 / 荼蘼

178　比逆袭人生更励志的，是失意不变形 / 菀彼青青

183　那些低到尘埃的日子，是向生活最有底气的反击 / 文浅

187　我们有什么资格谈梦想 / 赤木

192　永远别说不可能 / 马德

194　二十多岁的年纪，我们能做些什么？/ 卢思浩

201　假如命运亏待了你 / 慕容素衣

209　人生没有毫无意义的事情 / 南有先生

213　总是有人要赢的，为何不能是你？ / 尚军

D

彩虹，总是伴随着风雨，
成长总是伴随着阵痛。
我们因为年轻而振臂高呼，
也因年轻而付出代价。

221	谁不是一边受伤，一边成长 / 汤小小
225	我从来不信这世间会无路可走 / 伊心
231	一定是那些艰难的时刻成就了我们 / 伊心
235	你总要度过生存期，才能谈梦想和未来 / 李尚龙
239	没有一种痛是单为你准备的 / 马德
243	现在的你，正是最好的年纪 / 沐儿
249	远方未必不苟且，眼前谁说不是诗？ / 徐嘤
254	你害怕一切坏结果，反倒错过了所有好开端 / 徐嘤
261	你别急，慢慢来 /Summer
265	什么迷茫不迷茫，不过是才华配不上梦想 / 蓑依

既然看不清未来,何不把握好现在。

天空越暗的时候,你越能看到星辰。

只要有梦想，你就与众不同。只要有希望在，一无所有的日子就不会太长。

不是所有坚持都有结果,
但是总有一些坚持,
能从一寸冰封的土地里,
培育出十万朵怒放的蔷薇。

《最好的我们》

你值得拥有你想要的美好

文·白杨

燕子是我在西藏旅行时认识的,那年她29岁,花一样的年华,在一家世界500强企业做行政助理。"可你知道我是怎么一步步走到这里的吗?"一场大雨过后,我们坐在拉萨有名的玛吉阿米餐厅,聊起这一路的见闻,燕子开口问我。

我以为,她说的是西藏。其实,她想说她的故事。

她从小向往远方,有草原、有蓝天、骑着马就很幸福的远方。可有很长一段时间,她都看不到远方,甚至眼前的路都被悲伤和绝望裹挟。15岁那年,父亲帮人修房子,摔断了腿,治病花光了所有积蓄,母亲哭着把高中录取通知书从她书包里拿走,藏了起来。她被带到一家餐厅打工,好多亲戚都来劝她认命,可她偏偏不安分。

她说,她的人生刚刚走到最花样的年华,那些心心念念的美好,她还不曾拥有……

她报了自考。每天早上,5点半起床,读一小时报纸;6点半到 7 点半是跑步时间；打工之余去收空啤酒瓶、废旧纸箱，卖了换成钱，买复读机学英语；夜里下了工，还要点着蜡烛看书。

可命运似乎并不打算轻易放过她：上班第一天就被骗了 700 块钱，她一个月的工资是 450 元；自考的前几天，身份证和准考证被偷，她在银行门口放声大哭；她租住的大仓库里，老鼠蟑螂到处都有；插座短路引燃被子，在她右臂留下一道褪不掉的疤……

生活冷酷，命运不公，她也骂过怨过。她想不明白，她已经没有跟同龄人一样的起点了，为何对她的坚韧和不屈依然各种刁难。她说那个时候，她就像被打翻在大浪里，要么随波逐流，要么逆流而上。她想起了她的远方，她固执地相信自己值得拥有所有美好，只要她不放弃。

"青春最不怕后悔，错过的还可以重来，为何不去争取？"结果，刚刚提到的那些磨难，真的没有成为"最终结果"。

后来的情形是，被骗那天，饭店的所有员工都给她捐款，助她渡过了难关；一个军官垫钱，帮她补办了准考证；她拿到了自考大专文凭，她打工的老板问她"你怎么还在这里"，然后给了她一笔学费，她开始继续念本科……再后来，她有了体面的工作、不错的收入、体贴的爱人，然后，终于来到心中的远方。

> 如果生活给了你一个柠檬，
> 你就把它榨成汁。

你看，美好不会主动跑来，但阴霾也绝不会一直笼罩。有的时候，感觉生活已经把你逼入绝境，但只要你敢冲它倔强地笑，它就可能还你一个温暖的拥抱。

我想起在另一段旅途中遇到的老冯，先天双目失明，母亲早逝，哥哥离家出走，一家人就靠三十而立的他经营按摩店维持生计。每年夏天，他一定会抽出时间，跟几个残疾人朋友出去旅游一趟，云南、北京、山东、黑龙江……都去过了。我有些不解，去这么多地方，他什么也看不见啊。

可老冯说，去不同的地方，听不同的音，吹不同的风，闻不同的香，就很美好。生活已经不易，与其自怨自艾、顾影自怜，何不豁达些、乐观些。

"如果生活给了你一个柠檬，你就把它榨成汁。"我那会儿想起了这句话。

其实，谁也不会比谁更容易一些。可能，你在抱怨身体有恙，他是不满收入微薄；你在遗憾没能进入理想的大学，他在嘀咕熬夜做出的方案老板怎么就没看上……人生总是难以圆满，于是，你以为，这个世界上总有人在过着你想要的生活，总有人拥有着你想要却不曾得到的美好。那是你没看到，他们也曾为此咬牙坚持、执着付出。

真的,如果你此时仍在委屈、痛苦、迷茫,仍然觉得生活并没有给予你足够多的美好,别泄气,那些美好的东西可能迟到了,但不会永远不到。只要,你愿意做一个明知生活有缺憾却依旧不言放弃的人,一个即使身处黑暗却依然心有亮光的人,一个敢于在狂风暴雨中昂首向前的人,一个跌倒了还能站起来的人,你想要的美好早晚会来敲你的门。

相信我!你有如此花样的年华,你值得拥有自己想要的美好!

你不对这世界柔软，
只说明你内心不够坚强

文·菜菜

因为工作的关系，接触认识了很多陌生人。逐渐发现，内心越坚强的人，外表越柔软。

公司组织的活动中，需要我采访一个年轻的女嘉宾A，看到她履历的时候，我是抱着敬畏的心情：985大学在读博士，专栏作家，创业者。见她之前，我一直紧张地准备着初次见面的措辞，生怕自己因不小心说错话而惹到她。

等活动当天，见到A本人，我一下就把心理包袱放下了。

A五官清秀，化了淡雅的妆容，一袭白色长裙衬得气质特别出众，跟传说中正经古板的女博士完全对不上号，倒像是个刚入大学的小女生。

一阵寒暄之后，自然聊起了一些生活琐事。我说没想到网上气场强大的女王，生活中竟像个"95后"萌妹子。她被我逗乐了，说："难道内心强大的人就非得时刻摆出一副吃人的模样？"

B 是我大学校友，学习能力很棒，担任班委工作，活动组织能力也是一流。更棒的是，他的性格也非常有亲和力，什么时候都笑脸迎人。见过他的人，很难不喜欢他。

我自然跟他关系也不错。有一次我问他，什么样的幸福家庭才能培养出你这么优秀的孩子？太令人羡慕了。

他告诉我："我父母在我刚上初中时遇到一场车祸去世了。"

他说得云淡风轻，却在我心里留下了不小的涟漪。从此我面对他时，心里更多了一分敬佩。

C 也是新认识的朋友，一个可爱坚强的小女生，不管在现实生活还是网络世界，都是一个热情大方、十分讨人喜欢的姑娘。一起参加培训，一堂课，她能记下满满两页纸的笔记。约好一起出去玩，她总会提前做好所有功课。朋友聚会，有她在，就绝对不会有冷场的时候。

我有时也纳闷，你每天那么多工作，怎么还有这么多精力学习，还能抽出时间和别人交流？

嘻嘻，你猜？她狡黠地一笑，没有正面回答我。

后来，我无意间写了一篇关于失恋的文章，跟她聊起一些过往，她才终于对我敞开心扉："和前任分手的时候，他咬牙切齿

> 真正的坚强，
> 是不再把自己的伤疤揭开给别人看。

对我说，祝你一辈子嫁不出去。"

"你怎么回答他的？"我问。

C说："我只是看着他的眼睛，微笑着对他说，祝你幸福。"

那一刻，我突然明白了C的柔软是从何而来。卸下了所有伪装，最终只剩下一句祝福，不再执念，不再伤心，不再怨恨，是只有拥有真正强大内心的人才能做到的。

真正的坚强，是不再把自己的伤疤揭开给别人看。伤疤依然在，但却看不到它了。

真正的坚强，是从来没有忘记沉痛的往事，但不会因为往事迷失前进的方向，它们只会成为前行的动力。

真正的坚强，不是时刻背负一个沉重的保护壳，而是我温柔对待每一个人，即便你曾经伤害过我，但以后不会了，因为你伤不到我了。

你外表不够柔软，只说明你内心不够坚强。

这一路的经历，
比什么都重要

文 · 李尚龙

1

我坐在酒吧，听姑娘讲故事。

毕业那天，姑娘把眼睛哭肿了。她住在一个合租的单间，行李堆满地，她焦急地跺着脚，因为厕所正被一个大汉占着，他不出来，自己就进不去。

第一晚，她失眠了，因为她刚看完电影《这个杀手不太冷》。电影里那段对白深深地扎入她的心："生活是否永远这么艰辛？还是仅仅童年才如此？""总是如此。"

她看着偌大的城市，无能为力地迷茫着，父母催她回家工作结婚，说女孩子拼什么命，回家什么都有。她咬紧牙关跟妈妈说："妈，就让我拼这半年，年底我还找不到工作，就回家。"

父母心疼她一个姑娘在北京打拼，每个月给她打钱，她看着卡里的钱，眼泪刷刷地往下掉。她立志不花父母的钱，可是到了交房租的时候，还是扛不住了，狠狠地刷了一笔。

她到处碰壁，投了不少简历，全部石沉大海；面试许多公司，全都让回家等信儿。

慢慢地，她开始怀疑自己，我这样是何必呢，我一个女生，干吗要这么苦？我为了什么？我为什么要这么作死？如果我回家，现在已经开着车逛商场了，说不定，已经有了一段稳定的恋爱关系，开始计划结婚的事情了。

想到这里，她看着灯火辉煌的北京，更加迷茫了。毕竟，无依无靠，无牵无挂。眼泪不听话地在眼眶里打转。

2

这时，电话响了。她拿出手机，看着来电显示，上面写着两个字：妈妈。

她立刻擦干眼泪，深吸一口气。

接了电话，她想把这几个月遇到的痛苦全部跟妈妈说，她想回家，不想在这儿待了，可是，脱口而出的竟然是："妈，我很好，今天又收到面试的电话啦,你们放心,我过得很开心。"

寒暄了几句,她挂了电话,擦干眼泪,跑回家,继续投简历。

几天后,她收到了一家互联网公司的 offer,月薪 5000 元,实习期间 3000 元,年底会有提成,创业公司。

别人问她:经常加班,是否能忍?

她欣喜若狂,说:"能,我能吃苦,能每天加班。"

就这样,她在这家公司干了两年。

3

这两年,她每天上午 9 点到公司,晚上 9 点多回家。两年,她没去过电影院,很少参加社交,没看过电视,没去过酒吧,没睡过懒觉。

她每天早起学英语,晚上自学 PS 和新媒体,累了就去跑步去读书。这种日子,持续了两年,七百多天。

同事劝她别太累,她只是笑笑,什么也没说。两年后,她跳槽去了另一家公司,因为做微信排版漂亮,很快晋升为新媒体主编,月薪 8000 +,还有提成和年终奖。

一年后,她成为那家公司的营销总监。别人很好奇,她是如何懂这些的。后来,在她搬工位的时候,大家看到了几本厚厚的关于文案和宣传的书。

一年后,她再次跳槽,成为一家公司的副总经理。此时此刻,她月薪已经过万,有了一辆车,找了一个男朋友,彼此恩爱,正准备谈婚论嫁。至少,她在北京过上了体面的生活。

4

她跟我讲到这里时,安静地说:"你知道吗,我花了四年,才过上了大家眼里的体面生活。这一路很难,但我从来没后悔。"

我问她:"如果当年毕业你就回家,父母也会给你安排这一切,你能在第一年开上车,第一年稳定下来,第一年找到男朋友,跟你现在的生活一模一样。这样想,你不觉得浪费了四年吗?"

她摇摇头,说:"不啊,这四年,我从一无所有到自给自足,现在有的生活,不是谁给的,是我用双手打拼出来的。这些年,我明白了如何奋斗,我知道该怎么自学,我更看到不同的风景,认识了不一样的人,这一路的经历比什么都重要啊。"

我摸着头，可是，这样累啊？

她喝完面前的咖啡，说："但我年轻啊，不想让这辈子就这么过了，我想让青春大汗淋漓。何况，天天在家待着并不比到处闯荡要舒服，我爱这样的热血，这样才是最好的青春。"

她的话很感动我，这是一个姑娘用最直接的语言，告诉我努力的含义。

5

她也讲出了青春的意义：去大汗淋漓地拼，去义无反顾地搏。她说，青春不是闲暇、懒惰，不是舒适、稳定，相反，是要在一无所有时厚积薄发，是要保持随时学习的能力，要敢于闯荡，敢于冒险。

或许这样不舒服，但谁又说了，追梦的过程，会舒服呢？

我想起和一个朋友的对话，他告诉我："反正人终究一死，既然结局一样，为什么我要拼搏，有什么意义？还不如看看电视，睡睡懒觉，就这么过一辈子多好。"

一开始，我无法辩解。

人和人最大的不同,
就看你怎么活。

后来,听完这个姑娘的故事,我找到了答案。

就因为人终究一死,所以更应该去拼搏。如果说人的结局一样,出生又不能改变,人和人最大的不同,就看你怎么活。这一路,你经历了什么,体验过什么,去过哪些地方,见过什么人,在哪跌倒,又在哪爬起。

走过哪些弯路不要紧,重要的,是这一路的风景。这些,能创造出最好的你。

看不清未来，
就把握好现在

文·刘同

有一种孤独是，你鼓起勇气说出自己的想法，却遭到众人的嘲笑。一条只有自己笃定相信的路，只有你一个行色匆匆的路人，不用在意他们的看法，因为你会在未来的路口等着曾经嘲笑你的人。

纵使生命很长，但一个人真正的人生却是从你想使劲的那一天开始的。不必担心错过了就没有机会，我们会有很多开始人生的机会，因为我们必然会一次比一次更清醒地顿悟。

从没有人搭理的高中时光到无人熟知的大学校园，每个人都在生命的长河里畅游，各有各的姿势，各有各的道具。你看看自己倒霉蛋的长相，一副皮囊站在岸边显得寒碜，于是决定憋长长的一口气扎到水底一路向前。不想被人看到你仰头呼吸的狼狈模样，只想别人看到你从终点钻出来，想看到他们流露出的震惊。

这样的潜水，没有教程，没有方向，内心一次又一次喊着："快

> 只要不中途放弃，
> 就值得获取掌声。

不行了，要死了，要死了，要死了！"

就在死灰色与无意识的边境，你的手触到那道坚硬的终点墙，如重生般地仰头，大口呼吸，回望来路，还来不及骄傲，满眼就充盈了因可怜自己而遮掩不住的感触。

20岁出头的时候，我做梦都希望被人肯定，于是小说一本又一本地写，文章一篇又一篇地投，那些带着希望之光的努力，在宇宙的长河里，似乎连漂浮的痕迹都没有，便被黑洞吞噬。从外界得不到肯定，于是把所有的心情一字一字写在日记里，十年过去，两百万字的心情里承载着不为人知的隐秘。重新阅读过去，才发现那是青春。

30岁之前，鲜有人能了解——人生惨败并不意味着结束。于是年轻的时候，你一次又一次与否定你的人、否定你的事实去对抗；你忘记了你本来的弱点，你只记得有人怀疑你的目光；你忘记了你还有别的出路，却如石头般站在不属于自己的路上与来者对抗。

直到某一天，你突然醒悟"原来自己怎样努力也不行，原来这本就不属于自己"时，瞬间觉得有了一种前所未有的解脱。一直辛苦在对抗的并不是别人，而是倔强的自己。

认输，是为了节省生命的时间，也是为了让我们把目光从不值得的地方转移到值得停留的那些景象里。

哦，人生惨败并不意味着结束啊。它只是一个倒霉的开始，又或者是上坡之前必经的低谷。对于十七八岁少年的你，二十五六岁青年的你，抑或是三十出头中青年的你，你在你的每个年纪不是都曾遇见过，那些沉重得几乎令你抬不起头的困扰吗？奇妙的却是，你后来发现，只要那时你没有放弃，便没有人敢像裁判一样掏出红牌罚你下场，全场都会等你跑完全程，最后一个冲过终点也不难看，观众反而会因为这种"不要脸"的坚韧而起立鼓掌——只要不中途放弃，就值得获取掌声。

二十来岁的我们看不清未来的时候，常会觉得自己在稀薄湿冷的空气中难以呼吸。找不到新鲜的氧气，又没有可取暖的伴侣，一片混沌，不知道该往哪里去。有人停步不前，懒得前行。还有人唯一能选择的就是告诉自己再忍一时、再进一尺，把眼前的空气吸得一干二净，憋成猪肝脸死了也值。

21岁大学毕业，你进入电视台工作。那时同期应聘进栏目组的大学生有近十位，工种类似，但工作了一段时间之后，你发现只有你和另一位男同事每天工作时间近15小时，而其他人6小时都不到。你当时第一反应就是"不公平",觉得自己傻。同样是大学生,为什么你们就一直加班、拍摄、编辑、写策划,而其他人却那么清闲?后来你对和你一样辛苦的男同事抱怨,企图在寒冷之中获得一些温暖的共鸣:"他们把我们俩当猪吗?为什么吃苦的都是我们,大家拿的工资还一样多?"

男同事看了你一眼,说:"你想想,工作就只有那么多,拿一天50小时的工作量来算,咱俩就做了30小时,剩下那么多人只做20小时的工作,每个人才三四小时。假使工作是升级打怪积累经验的话,我们俩比他们先获得更多的经验值不说,当我们犯了100个行业错误的时候,他们或许才犯了不到10个,年纪越大,犯错误被原谅的可能性就越低。我们是抢了人家的机会,我们怎么可能会是二百五呢?"

从那一刻起,你就像被打通了任督二脉一样,告诉自己:大多数人不会在同一个地方工作一辈子,大多数人也不会在同一个岗位做一辈子,我们所有的累积都是为了给人生最后的那个位置打一个稳定的根基,所以每个获取经验的机会都显得尤为重要。如果所有人工作时间都一样,工作质量拼的就是纯粹的智商和情商,你看了看自己在镜子中的样子——完全没有任何一点男一号的气质啊，不在后天努力，就只能成为这出人生剧中的路人甲乙丙丁了。

一个人未来能去哪儿，不是靠想象，而是靠今天你都干了什么、干得怎样。

大学里，你就读于中文系，正因为不知道未来能去哪儿，所以只能强迫自己每天埋头写一些东西，写得不好就当练字，写得不错就当写给同学看的消遣读物，如果被夸奖了，就找各种各样的报纸杂志投稿。一开始投稿次次落空，心里几乎快要放弃。宿舍的同学每每都看见你寄信，却从未见到过你发表，付出没有得到回报你能接受，但你不能接受的是——付出没有得到回报然后被同学们嘲笑。

就像小学的时候，你想学普通话，刚跟同学们说一两句，就会被同学用方言嘲笑回来。初中也是，高中也是，导致你的普通话至今蹩脚。学习普通话的愿望一直落空，落空不是你当时没有能力，而是你当时怕被同学嘲笑。

当你能承认自己不好、自己失败的时候，你就不再害怕外界的评价了。于是失败这件事自然而然就成为你生命中的一种常态，不再满怀希望，失望也就随之越来越少。

这样的好处在于，一旦发表了一篇文章，就有了一种撞大运的心情。这种心情比"终于得到了一些回报"更有幸福感。

就像你习惯了投稿失败一样，你后来也对发表文章麻木了。直到大四毕业的时候，大家都要写求职简历了，你才把所有发表过的文章找出来，大大小小居然有一百多篇，而很多同学大学四年一篇文章都没有发表过。不能说你后来的面试成功与这有关，但从现在的角度看来，起码那些文章代表了你曾为此付出了很多时间、很多努力，也得到了一些结果——这多多少少证明了你是一个能吃苦，且能脚踏实地熬上几年的人。

日本插画家高木直子说："我无法预见自己的生活将会发生怎样的变化，但我会继续珍惜每一份小小的惊喜与感动，努力活出一个真实的我。"是啊，如果为了一个未知的明天而放弃已知的今天，丢失的不仅是当下的快乐，还有一个真实的自我啊。

这些年，你用文字将过往一一细数，发现曾经不确定的事情，如今终于有了一个好结果。曾经一直回避的事情，如今也能直面接纳了。给自己一些时间，一切终会有答案。

既然看不清未来，何不把握好现在。拽在手中的，始终会跟着你跑不掉；放飞于空中的，一不留神，便不知飘向何方。曾经迷茫，如今释怀开阔。当下迷茫，却对未来笃定希望。

以这十几年的心事作分享，你我共勉。一切都在我们的掌握之中，无须羡慕，不需鸡血，耐得住寂寞，经得起推敲，我们自会拥有最有安全感的人生。

愿所有的负担，
都变成生命的礼物

文·木子玲

周六坐地铁，旁边的一个女生一直在打电话，整个车厢里都是她哽咽的声音。她说自己孤身一人在异乡漂泊，举目无亲，找工作也屡屡碰壁，觉得这样的人生毫无意义云云。

我到站时看了下表，35分钟，她哭诉了整整35分钟，直到我到站离去，她仍然在继续。我在想：这女生的运气真够好的，也不知道电话那头是谁，怎么会耐着性子忍受她如此之久的摧残？

在你看来，世界上只有你活得最辛苦，遭遇最惨。等再过几年，你就会发现，其实每个人都会遇到各种各样的困难，靠近一看，每个人都是遍体鳞伤。可是，他们仍旧带着笑容，从容地面对这个世界。那是因为他们的内心已经变得强大，能坦然接受生活的考验。那些考验是前进的另一种形式，可以教会你如何与这个世界和平相处，如何让自己免于受伤。

在公众场合，你毫无顾忌地将伤疤揭开示人，强行让周围的人倾听你的哭诉。先抛开别人对你的看法不说，你不远万里来到这儿，难道就是为了跟家人汇报你怎么受苦的吗？除了受苦就再没有其他收获了吗？当然不是，你是为了过更好的生活、实现心中的梦想才来的。

你在选择离家之前就该想到，外面的世界并不是金砖铺地，你的开始，很可能会是悲惨或者痛苦的；从你准备出来闯荡时，就要做好心理准备，充满竞争的世界是残酷的，你只有去承受、去隐忍、去坚强，才能逼自己适应所有的一切。

是的，你已经不是一个孩子了，要学会面对生活的艰辛。

其实，让我们迷茫或痛苦的并不是事情本身，而是我们的心境。你可以试着换个角度看那些痛苦：你若将它看得很重，它便会时刻纠缠你，压得你喘不过气来；你若将它看得很轻很淡，它就会消失得无影无踪，对你造成不了什么大的影响。

人上了年纪通常就变得唠叨起来，会反反复复提及以往日子里发生的琐事，唠叨的次数越多，记忆就会越深刻，仿佛只有这样，他们才不至于将过往的人和事忘掉。同样的道理，如果你不停地强调漂泊在外的艰难，只会加重你的痛苦。

> 但愿所有的负担都变成礼物,
> 所受的苦都能照亮未来的路。

人只有心境发生改变,看待事物的眼光才会改变。只有转换角度,视野才能真正开阔起来。人生在世,谁没有艰难的时候?你现在吃的苦,别人也吃过;你现在流的眼泪,别人也流过。所以你不必将自己的脆弱展示出来。

初入社会,迷茫是少不了的。现在的你认为这个世界很不公平,认为别人的生活都比你舒适。你独自一人身处陌生的城市,总有一种被抛弃的感觉。尤其是当你看到别人和好友挽着胳膊从你身边经过的时候,你心中充满了嫉妒——他们面带微笑,好像从来都没有烦恼过。当别人津津乐道于工作的乐趣时,你又会投去羡慕的眼光,好像他们从来不为找工作发愁。再看看你要好的大学同学,她虽然远嫁他乡,可过得幸福甜蜜,你又忍不住感叹:真幸运啊,她怎么就嫁了个这么优秀的男人!

其实,他们能过得这般快活,并不是因为他们比你幸运,而是因为早在你之前,他们就经历了你现在所感受到的一切,他们有过艰辛,有过痛苦,只是咬着牙挺了过来,才有了今天的快乐与幸福。

原来,大家都是一样的,都会有这样或那样的苦恼,就像叔本华说过的那样:"一切生命的本质,就是苦恼。"

如果你继续这么颓废下去，试图将所有的辛酸挫折告诉身边的每一个人，那你真要永远孤独下去了。这是一个恶性循环，你越是沉浸在痛苦里自哀自怜，就越是无法找到突破口。

不妨换位思考一下，我们都希望身边的人能分担自己的烦恼，为自己带来快乐，如果你不能给别人带来快乐，至少也别给人家增添烦恼吧。倘若你用心去观察，就不难发现，成熟的人不过是会以一种妥当的方式来处理自己的负面情感，使之不会影响到其他人而已。

在岁月面前，每个人都是弱者；在生活的磨砺下，每个人都有伤疤。每个人都会有痛苦或迷茫，但这痛，是生命赐给我们的礼物，痛过之后，才会更加珍惜快乐与幸福。

感谢那些伤疤，感谢那些坎坷，是它们教会了你如何与这个世界和平相处。但愿所有的负担都变成礼物，所受的苦都能照亮未来的路。

无路可走时，
你才能更快学会飞

文·沐沐

这是我高中同学Z的故事。大三那年，他执意退学，自己一个人带着2000块钱到北京。那是2008年，Z同学还没有大学毕业，又没有一技之长，碍于面子也不想做技术含量低的工作。在北京溜达了两个月零五天，发现自己只剩下两块钱了。那天晚上在地下室的木板床上，他纠结着要不要给家人打电话求助。

第二天早上，穿着带霉味的衣服出门，用两块钱买了馒头和一瓶水。吃完之后，一直走，目的地是哪里他也不知道。中午，走累了，Z同学在一处台子上坐下来。被他捏扁的矿泉水瓶，被人捡走了。秋天的午后，阳光正好，Z同学只感到阵阵寒风，一直坐到了天色变灰。也许是他穿得太破了，一个小孩把空水瓶扔到他的脚边。

Z同学说，没有任何语言可以形容他当时的感受，无助、委屈，还有对自己无能的愤怒。他突然意识到自己的前二十年，被荒废得如此彻底。

Z同学盯着那个瓶子很久很久,终于弯腰捡起来。捡起来第一个,后面的就轻松多了。那一晚,Z同学捡的瓶子装满了两个大袋子,是那种比小学生还高的鱼皮袋。正好他住的出租屋旁边就是一个垃圾回收站,一个晚上,他收获了82块钱。Z同学一毛钱都没有花,拖着疲惫的身躯直接回到地下室。那天晚上,他握着这82块钱,忘记脚上磨出的血泡,忘记一天没怎么吃东西,只是在被窝里哭得稀里哗啦:图什么?

Z同学说,当时毅然决然要到外面的世界闯一闯的时候,怎么都没有想到,第一笔收入靠的是"拾破烂"。

半个月后,他买了辆自行车,跟着一起住在地下室的男孩送快递。两个月后,他找了一个库房看管员的工作,晚上就在昏黄的灯光下看书。又一个月后,Z同学被经理调到了办公室打杂。然后勤奋好学,领悟力又强,成功推销出自己,做了经理的助理。

这一年的磕磕绊绊,让Z同学深深认识到,要生存,比考上重点大学困难多了。再忙,也得保证每天的学习。吃饭睡觉娱乐的时间,能压缩就压缩。后来,他回学校完成了学业,也有针对性地构建了自己的知识体系。毕业后,他跨入物联网行业,事业

> 只要有梦想，你就与众不同。只要有希望在，
> 一无所有的日子就不会太长。

做得风生水起。

Z同学说："这经历一点都不好玩，我希望其他人不要把自己逼到这么无助的境地。只是我以前过得太安逸了，从来都没有认真想过为自己独立生活储备点什么。等到口袋空空的时候，才知道储存食粮。不过，不管处境多么狼狈，也不用害怕，因为一个人的潜能很大，只是我们在绝望的时候才想起来去挖掘。"

Z同学给我讲这些故事的时候，坐在一家咖啡厅里。冬天午后的阳光打在那张棱角分明的脸上，温暖、明亮。"离开北京之后，曾以为这辈子再也不愿意去那个让人一夜长大的地方。"Z同学笑了笑说，"不过，这还没过两年，就想回去了，想把自己拖着大塑料袋走过的地方走一遍，不为别的，只为了看看起跑的地方。如果不是那一年的落魄，我在学校里还是跟同龄人一样混日子，眼高手低、混吃等死、不踏实不努力，也不会有现在的心智和能力。"

Z同学说，后来看电影《当幸福来敲门》，简直就是在看自己，死磕。最喜欢的台词是：只要有梦想，我就会变得与众不同。是啊，只要有希望在，一无所有的日子就不会太长。不管是在怎样艰难的境地，不管有多少人说你"不行"，只要自己不给自己放

弃的机会，终将展翅飞翔，闪闪发光。

我们小时候看过这样的故事：一个农夫养的一只鹰，不知道自己能飞。农夫想要让它学会飞，就把它扔下了悬崖，于是鹰在坠落之后展翅高飞。中学时候也读过："盖西伯拘而演《周易》；仲尼厄而作《春秋》；屈原放逐，乃赋《离骚》……《诗》三百篇，大抵贤圣发愤之所为作也。"大学毕业之后重读《三杯茶》，理解了写在开头的那一句波斯谚语——天空越暗的时候，你越能看到星辰。

曾经，我们被人牵着鼻子走，扶着翅膀飞，忘记了无常才是生命的常态。看到太多道理，没有真正经历过一个人孤立无援的日子，怎么也不能明白，挫折只是一块块垫脚石。在磕磕绊绊之后，才能看清楚，所有的磨难，也是历练，是我们成长更快、变得更好的机会。生活不会平白无故给你想要的，越早认识到这一点，就越早学会在消极处境中积极为人生储备，然后，等风来。有时候，逼自己一把，才能看到更广阔的天空。而飞翔的翅膀，是多年来的积累。无论何时，让自己的羽毛丰满起来，就不怕无路可走，也不怕任何方向的风。

前些天，我到北京跟小学同学 M 姑娘一起吃饭。她在北京学习工作了近十年，有一个爱人，一套小房子，一辆小车子，有两份工作。她说，都是被逼的，你没有尝试过一无所有时的恐惧。两份工作，一份赖以谋生，一份是备份，以防万一也不至于无路可走。

在北京看着熙熙攘攘的人群，我知道这些人里面有无数的Z同学和M姑娘。他们挥洒着汗水，也怀揣着希望；他们脸上写着笃定，笃定地相信未来一定会越来越好。比如，看着在地铁里读雅思英语的女孩，我会想，"逼着"一个个年轻人奋斗的，或许是高房价和高消费，但更是执着和梦想，为了更圆满的生活和更美好的自己。

我们都被生活所迫，也"被迫"变得越来越靠近自己想要成为的那个人。没有任何一个人可以在一条路上一马平川地走到最后，也许一不小心就会把一条路走到了尽头；也许一不留神，眼前的路就被洪流淹没成了断头路；甚至会有突如其来一场冲击，直接把脚下原本平坦的路变成了悬崖……

然而，无路可走时，还可以试试自己能不能飞起来，然后拼命飞，探索一个出口。这出口之外，是更广阔的天地、更灿烂的阳光。所以，当感到人生陷入困境的时候，抬头看看上方，那里还有一片希望的天空。人生的状态是立体的，多维的。只有你放弃的时候，才真的是被逼上了绝路。

很喜欢一句话："仰望星空，脚踏实地。"年轻如你，无路可走的时候，记得你还可以飞；也只有在无路可走的时候，你才能更快学会飞。数年之后，回头看，一定会看到一个了不起的自己。

凡是没有打败你的，都会让你更强大

文·尚军

永辉是我以前的同事，不久前离职创业，开了一家主题餐厅。几天前，在朋友圈看到他发状态说新店生意火爆、忙到不行，我有一点惊讶。明明前一天，他还跟我念叨，说因为菜品不够有特色，地段也不是繁华闹市，生意有些冷清，估计这个月连保本都难了。

"怎么你朋友圈发的，跟你和我说的不一样？"我微信他。

永辉很快就回我了。他说，父母也是他的微信好友，不管生意如何难做，他都不希望父母担心。并且，他已经在着手改进菜单，希望很快会有起色。"报喜不报忧，是不是成长的一个信号？"永辉问我。

我更惊讶了，在我的印象中，永辉一直成熟、干练、刚毅，做事风风火火，考虑起问题来又细致周到，为人不失谦和，因此人缘很好。这样的人，还需要成长吗？

永辉这才告诉我他的故事。5年前那个春天，他28岁，因为投资失败，窘迫到几乎身无分文。不少人听说后都指指点点，说他压根儿不是做生意的料。不久后，婚姻也亮起了红灯。跟老婆办完离婚手续那天，永辉在梧桐树下的人行道上数了一下午的地砖。他想了想他的人生，16岁中考失利，19岁高考落榜，22岁和初恋女友分手，28岁投资失败，然后结束了这段原本以为会白头到老的婚姻……那么多不如意，让他怕极了挫败。于是，他决定逃了。把不满3岁的儿子扔给已经年逾古稀的父母，自己逃到另一座城市，找了一份行政助理的工作，常常加班到夜里一两点才能回到简陋的租住屋。累，他不怕；苦，他也不怕。他唯独不敢做的是，面对。面对人生的狂风暴雨，面对生活的波诡云谲，面对不能拒绝的成长和不能推卸的责任。

从年龄上说，二三十岁，已经不是可以让人任性的年纪，可永辉说，可能因为之前的不顺，性格中有自卑的阴影挥之不去。他的内心孤独而软弱，看问题很消极，依赖心理极重，似乎觉得还没有成熟到可以独立支撑一些事，所以遇到难题第一反应就是躲。

躲到另一座城市做行政助理的那些日子，他每天都处在焦灼、低落和梦魇中。虽然白天忙得腰酸背疼，但晚上还是会失眠。他

> 要从一个习惯了依赖和逃避的人，
> 变得能独立对自己负责并为家人遮风挡雨。

常常坐在窗边望着天，发一整晚呆，或者打一整晚游戏，感觉自己迷失了方向，像迷离的风，像天边胡乱飘摇的云。

那一年他过生日，接到老爸的电话。老人说，我们不盼你赚多少钱，只希望你健康平安，成长为一个横刀立马的人。"横刀立马"四个字，让他泪流满面。他收拾行李，没过几天就回了家。

回家之后的日子异常艰难，他一边要承担起做儿子的责任，照顾双亲；一边要扮演好父亲的角色，早起送孩子上幼儿园，降温了叮嘱孩子添衣；一边还要打好几份工，攒生活费；到晚上，还要自学大专课程。

那段时间，他在街边发过广告单，被拒收、遭人冷眼是经常的事。他送过快递，不管外面多冷，骑个电动车就出门了。有一回，一个客户住得实在偏僻，他迷路了，等找到那户人家送完快递出来，发现下了好大的雨，还没有路灯。他小心翼翼地骑，最后还是连人带车摔进水洼里……

永辉说，那段日子的艰难，不仅是身体上的折磨，更是精神上的蜕变。要从一个习惯了依赖和逃避的人，变得能独立对自己负责并为家人遮风挡雨。那个过程很艰难，甚至充满疼痛，但你清楚地知道，总有一些困难的局面，需要你独自面对，不是你躲了，状况就会好起来。成长，终究是你无法拒绝的。

我问永辉，成长是什么？

他说，成长是经历，你要走很长的路，去受风吹雨打；成长更是感悟，那些坎坷不是白受的。就像做面食，既要努力揉面，也要醒面，加发酵粉，让时间去酝酿，去起作用。然后你会发现，你经历过的所有那些磨难和艰辛，最后都变成了你的人生，让你更强大。

我也问过他，"横刀立马"又是什么？

他说，你想象一个威武的人，骑着马横在路上，手持战刀，敢于挡住对手的去路。那是一种果断和刚毅，面对挫折或者不理想的状态，想的不是退缩和逃避，而是迎难而上，有敢跟对手叫板的勇气。那也是一种成熟和睿智，是看清事件的前因后果之后，能淡然处之的人生态度。

于是，我明白了，永辉还在向着他"横刀立马"的人生目标奋斗，虽然还未达成，但他早已不是5年前的他。

每个人都难免会有脆弱的时候，那些看似强大的人，无非是比我们更懂得如何将弱势化为动力。那些失败，那些伤害，那些委屈，那些苦难，可以打扰我们的心情，可以煎熬我们的身体，但终究敌不过我们的努力，抹不掉我们的坚持，更加夺不走我们想要改变的信念。那句话说得对，凡是没有打败你的，都会让你更强大！

所以，既然成长无法拒绝，当风雨来的时候，怕什么？迎上去就是！

迷茫的时候，
要选择难走的那条路

文·许威

最近，我的好哥们儿大军所在的银行技术岗位有个机会，他想去试试。但是他已经做了两年业务了，一方面，技术荒废了不少；另一方面，他又不想把做业务积累的资源就这样白白抛弃。所以，他感觉很困扰也很迷茫，心神不宁的，不知道怎么选才好。

记不清在哪里看到过这样一句话：人只有在还有得选的情况下才会感觉困惑和迷茫，如果只有一个选择，只能硬着头皮去做，反而没那么困扰。

所以，与其陷入犹豫和徘徊中，还不如果断地做出决定，然后去尝试。于是，我跟大军说，当你迷茫了，不知道该如何选择时，就选择难走的那条路吧。

我相信，好多人都经历过这种迷茫的时候。我们的迷茫可以分为两类：一是完全没有方向，是真正的迷失；二是站在十字路口，不知道如何选择。

如果你的迷茫是第一种，那是因为缺乏目标和理想。这种迷茫根本还没有涉及所谓的难和易。在这种情况下，或许应该停下来好好思考下自己想要追求什么，找准自己的方向，然后去努力、去实现。

如果你的迷茫是第二种，那是向左走还是向右走的问题。其实，没有人知道哪条路会更容易，或者哪个选择将来会更好。人们总是想做出那些对自己有利、有益的选择，但究竟什么是最好的选择呢？没有人能打包票，只能将来再回头来看。

人都有趋利避害的倾向，好多人为了逃避眼前短期的痛苦，而陷入以后长期的痛苦中，也有人为了眼前的一点利益而牺牲了长期的利益。就像电影《闻香识女人》中史法兰中校说的："我知道什么是正确的，在人生的每一步，我都知道；但每一次我都走向了反面，为什么？因为太苦了。"是的，人生都是苦的，但面对困难和问题时，总是要去解决的。选择无非两个，或者现在就去面对它，或者暂时逃避，但以后还是要去解决。而敢于选择难的那条路不但是勇气的表现，也是理智的权衡。

生活都是自己选择和努力的结果。如果你选择了容易的那条路，如果连苦都不想吃，还有什么可以抱怨呢？

跟大军聊天的过程中,我也回想起读书这么多年来,那些我面临选择的时刻。

第一次面临选择是高中择校的时候。当时好多人都选择镇上的一所高中,因为离家近,家长说这样安逸一点,能住家里。但是,我没有,我选择了市里的一所私立学校,因为我的心渴望着更宽广的天地,我想体验更广阔的舞台。如果一直沉溺于眼前的一点安逸与舒服,怎么可能走得更远呢?

第二次面临选择是在高考失利之后。第一次高考,考得并不理想,好多人都安慰我说你只是失误,也努力过了,可能是运气不好,或者这就是命,认命吧。当时,我坚定地选择了复读,一是对自己实力的自信,二是我不愿意将就,更不愿意认命。那一年到底有多辛苦,内心有多孤独,复读过的人应该会懂得。但我没有抱怨过,也没有后悔过。正是这份坚定,让我第二年考出了比较理想的分数。

第三次面临选择是大学毕业的时候,大家都面临读研、工作、出国等困扰。对于保研和考研,好多同学都选择了留在本校,生活各方面比较熟悉,朋友圈子比较舒适。也有一部分同学选择去工作,当时,有一个找工作的同学跟我说,考研干吗啊,辛辛苦苦准备一年,累死累活的,也有可能考不上。但我坚定地选择了考研,因为我知道我的未来不在这里。所以，最开始准备考研的时候，全班几乎只有我一个人，从收集资料开始，到背书啃题目，夏天汗流浃背，冬天冻得要死，那一年的辛苦和孤独，只有自己知道。

有时候，我也会想，如果我选择了家门口的高中，如果高考失利我没有选择复读，如果本科毕业我就选择了工作，那么我现在会在哪里呢？生活充满了偶然和未知，人生也经不起假设，面对任何一个选择，我如果选择了容易的那个，我都不可能成为今天的我，也不可能过着现在的生活。

正是不怕吃苦、不服输的性格、不安分的心，支撑我走到了今天。虽然目前的工作和生活状态并不是最理想的，但我知道自己一直在努力，一直在路上。就像汪峰在歌里唱的那样，凭借着一颗永不哭泣、勇敢的心。

所以，每当面临选择的时候，不要犹豫徘徊；权衡的时候，也不要怕吃苦。选完了，更不要去后悔。最怕的就是，一切都是你自己选择的，最后你却还在抱怨。

但是，我还是想说，当你面前有两条路，不知道该如何选择的时候，选难走的那一条。这些年，我也有一些时候选择了容易的那条，虽然不多，但是每一次我都后悔了。

那些艰难的日子，
终究会离你而去

文·丫头的徐先生

大学刚毕业，我有幸进入一个不错的公司，在市中心的写字楼里喝着咖啡、和同事聊着创意，春风得意。三个月后，人事主管微笑着对我说，我很抱歉地告诉你，我觉得你并不适合这份工作，所以你看看什么时候来办辞职手续？

生物钟在七点准时把我叫醒，我躺在床上突然想起自己失业了。这是我第一次遇到真正的挫折，万分惋惜和无奈，我茶饭不思，一度怀疑自己。

我决定重新找一份工作，招聘网上的公司很多，有的简历石沉大海，有的面试一塌糊涂，才发现前面的路那么窄。我在家闲了一个月，父母知道后打电话给我，让我回去考公务员，而我固执地回绝，和父母的关系也因此僵硬。才知道，房租水电、吃穿住行都得花钱，而我已经毕业，再不好意思向父母要生活费。我低三下四地请求房东阿姨再缓缓房租。我身上仅剩10块钱，我买了4块钱的土豆，在家宅了两天不敢出门。

后来，我爱的一个姑娘慷慨解囊，解了我燃眉之急。

接着，我在郊区一家小公司谋了一份职。那时正值寒冬，起很早，挤一小时的公交，拿着很低的薪水，努力工作，勉强在这个城市活下来。半年后，公司倒闭，我再次失业了。

我多么想留在这个城市，通过自己的努力让自己过得好一些。但是毕业一年了，我过得并不好。我的父母时刻为我担心，时刻对我失望。而我大学同班同学有的在电视台、电台已小有名气。

我在家又闲了一段时间，一个人走在大学的校园里，在图书馆前坐很久，想着曾经的日子早已远去，而未来仍是未知。

第三份工作已是毕业的第二年，我在一家新公司做活动策划，我拿着保底的工资，把自己搞得体体面面，想把自己的创意卖给房开公司。我在办公室门外等素未谋面的总监，自己初出茅庐，所在的公司没有名气，有时候一等就是几小时，好不容易碰上面，刚自我介绍完，别人就借故匆匆离开。

我厚着脸皮屡战屡败，屡败屡战，然而很不幸，我的公司又倒闭了。50多岁的老总带着我和一个哥们儿重新创业，公司搬到了郊区，我们都没有工资，三个人亲自做方案，在酒店大厅碰面，蹭空调，开着廉价的轿车跑业务，咬牙坚持着。终于，一家房开公司和我们签了130万的活动，我算了算，我有10万块的提成。苍天不负有心人，我们喜极而泣，觉得苦日子熬到了尽头。但是几天后，活动取消，一切都是空欢喜。

我在夏天结束的时候结束了这段生活，日子很艰难，母亲知道后给我打了2000块钱。我什么都没说，只觉得生活总爱和我开玩笑，从来没有正经过。

我决定去卖盒饭。和一个朋友一拍即合，我们到一个新区，租了房子、买了厨具、做了宣传单，去附近的写字楼挨个儿地发，买菜、做饭、骑电瓶车赶到写字楼，提着饭盒楼上楼下地跑。卖不完的自己吃，吃不完的使劲儿吃。当家后，方知柴米油盐贵。送完餐，把零钱从兜里掏出来清点的时候最觉不易。生意好的时候，我会买一个鸡肉卷犒劳自己。

大学同学的广告头像已经做到了公交车上，成了市里有名的主持人。大学老师听说我卖盒饭，惊讶无比。同寝室考上公务员的同学，结婚请客没有邀请我。过年回家，交了房租，自己身无分文。我母亲说，某家的儿子在县政府上班，某家的姑娘在检察院工作，而别人问起你，都不知道说什么。我无话可说，却莫名地伤感，我怀疑自己是不是真的走错了路。但我更固执，在家待了几天，有客人问我们什么时候开业，我又马不停蹄地赶回去买菜做饭。

在大学，我的高考成绩全班第一；在大学，我是吉他手，我们的乐队为知名乐队的巡演暖场；在大学，我开过咖啡馆，一直写字读书。可那已经过去了，我，毕业两年，未来还未到来。

一年后，我结束了卖盒饭的生活，经人介绍，到了一个不错的公司。卖过盒饭，其他的工作对于我来说都不叫累。机会难得，我加倍努力。我感谢以前的经历，我会做方案、会做销售、会节约成本、会控制时间、会和人打交道、会锲而不舍。每一件事我都尽十二分的努力做好，加薪、提拔，得到公司的重用。

公司越来越好，我的经济好起来。我娶了我爱的姑娘，按揭买了房，给自己和媳妇添了好几样单品。我不再感到生存的压迫，自由地在这个城市呼吸。

我时常会想起以前。也许，每个人的道路都不同，有的会顺利一些，有的要坎坷一点。父母以及你自己都会给你压力，你会气馁，会怀疑自己的选择，你也努力了，但还是没有看到希望的光芒，请再坚持一下！

那些在你最艰难的时候，依旧不离不弃的人最值得你珍惜，你的爱人、父母和朋友。那些怀疑过你、贬低过你的人，请你也不用记在心上，人情世故，冷暖自知。

生活从来都不会一蹴而就，也没有永远的安稳，艰难坎坷总会接踵而来，在过去、现在以及未来。但是，请保持努力，请保持坦然。因为，那些艰难的日子，终究会离你而去。

你觉得糟糕，未必是真的糟糕

文 · 闫晓雨

"你一天的一半时间在干吗？"

"产生情绪。"

"那另一半呢？"

"消化情绪。"

以上是某天下班坐地铁回家的路上，我和自己的对话。不知道有多少年轻人和我一样，经常会攀附在情绪的缝隙中浮游沉沦，反复久了，就容易变得敏感脆弱。

世界越来越和平，人心却越来越不平和。

拿我自己来说，产品上线的这几天，我真是感觉糟糕透了。UI太粗糙了、内容太枯燥了、根本没有想象中有趣嘛……看着不断有用户来和我提出这款产品的毛病，我除了一遍一遍耐心告知，这些问题都会在随后的版本上更新改善之外，面对席卷而来的抱怨显得毫无招架之力。

我把这一大堆的埋怨，噼里啪啦添油加醋倾诉给了一位朋友。他倒不着急回应，只是徐徐缓缓地给我讲了一个貌似和安慰并不搭边儿的小故事。

我这朋友是个杂志编辑，除了工作，自己平日里写书，也是每天都在和文字打交道，日子久了，难免有瓶颈期。话说他某日心血来潮挥斥方遒地即兴写了篇文章，过程中无所顾忌落笔肆意，回头看通篇时却讪讪有憾。题材没有很新颖，文笔又略显拙劣，估计读者看了都会很失望吧。

怀着忐忑的心情，朋友关上 Word，随手将文章保存在了豆瓣日记上，便黯然睡去。没有想到，当朋友第二天打开电脑时却发现，这篇文章竟被选为了"推荐之文"，下面还有超多的读者不断刷新留言说喜欢。虽然也有个别读者说出了稍加批评的不同观点，但这效果，已经大大超出了朋友预期。

明明自己觉得那么糟糕，为什么还有那么多人喜欢呢？朋友将这个问题反手抛掷于我，我想了想，突然有些顿悟。大家的理解和事物的真实状态常常处于不同频率之间，所谓的糟糕只是一个视角，而不是真相。古言之"月有阴晴圆缺"，通常只会赞誉"海上明月共潮生"的浪漫静谧，却无视"玉梯横绝月中钩"的小巧

> 别人说你丑，千万不要停止打扮，
> 就那样昂首挺胸美下去。

别致。众星捧月是美，蓬勃朝然是美，暗处飘香又何尝不是美。相对于前者一呼百应的风韵，有些偏差则使生命的缺角变得更加金贵。

心理暗示具有一定能量，激励和自责的效果差异特别大。所以，此刻的你需要明白，阴影是为了储备更充足的阳光，批判是为了驱使更有力的前行，而遗憾则是为了等待一场更为声势浩大的圆满。

用最温柔的敬意去面对坏情绪，而不是一味顺从它，做它的奴隶。

略有顿悟之后，再面对用户提出的意见和抱怨，便权当这是成长的兴奋剂了。我将不足的细节改良，挑拣出大家认为可行的、有创意的 idea 融入产品当中去，也试着和每天偶尔冒出的坏情绪做朋友。老天要下雨，不是为了淹没快乐的积极性，而是因为稻田需要水分，小孩子需要肆意奔跑的狂欢，那些正在闹脾气的情侣需要一场并肩打伞走回家的浪漫。

都说敏感的人易受伤，这话的确没错。但要知道，这个世界上任何的糟糕，都不是为了满足你对号入座的臆想。与其在情绪的沼泽中呐喊沉沦，不如同观点的剪影和解并交融。

别人说你丑,千万不要停止打扮,就那样昂首挺胸美下去。

别人说你笨,千万不要停止努力,就那样有条不紊走下去。

你只需要记着,无论生活变成什么样,一切都没有想象中那么糟糕。时间在人心的剧烈运动前总是很不经用,那些被蒙上灰尘的事物,终究会露出它原本该有的模样。

穿越情绪的虚妄,就是方向。

谁的人生不迷茫？

文·谷润良

前些天，参加一场新书分享会。读者提问环节，有位女生站起来问作者——我最近对任何事情都丧失了兴趣，生活的方方面面，感觉都热爱不起来，人生空虚又迷茫，应该怎么办？

作者笑了，扶了扶眼镜，说："你来参加我的新书分享会，不就是一种兴趣吗？不就说明你对生活还保有热爱吗？年轻人总喜欢说迷茫，以为迷茫是人生路上的绊脚石，不铲除无法往下走。殊不知，谁都有迷茫的时候，就像我，40岁了，依然有许多问题想不开。和孤独一样，迷茫也是人生的常态，不要对抗迷茫，要学会适应迷茫，和迷茫相处。"

听完这段话，夹在拥挤人群中的我，突然感到一种无来由的轻松，甚至还有淡淡的愉悦。原来，在这世上，你我都一样，一边迷茫，一边成长。

念大学的时候，认识一位副教授。大四那年，面临考研和找工作的两难选择，如同大多数学生一样，我迷茫、无助，除了浪费余下的光阴，似乎再也找不到出路了。一次去食堂的路上，遇见了微笑走来的他。面对面坐在餐桌旁，和我话起了当年。

他说，研三那年，面临考博和找工作，自己同样有过一段迷茫的时期。当时，他参加了一家杂志社的招聘考试，笔试、面试都很顺利，但薪水微薄，在上海那样的大城市，养活自己都成问题。在兴趣和生计之间，他不得已选择了生计，考了博，博士毕业，顺利在高校任教。通过自己的努力，又从讲师升到了副教授。

他说，那种迷茫的感觉，这些年来，始终未曾消逝。很多次午夜醒来，他都会问自己，如果当初进了杂志社会怎样？是不是生活就会变成另一副样子？无须再写一篇篇令人头疼的论文，无须再绞尽脑汁地备课，只需审阅作者投递的稿件，余下的时间，都可以用来阅读和写作？是不是自己的路一开始就选错了？

问多了，自己渐渐明白，生活从来就没有标准答案，每一种光鲜的生活背后，都有阴霾；每一个世事洞明的人，也会有迷茫相伴。剔除了迷茫的人生，是违背自然规律的。他一面说着，一面忍不住呵呵笑起来。

多年后，我依然会想起那个夜晚，想起他语声轻柔，想起食堂昏黄的灯光，以及外面沉沉的夜路。每一次想起，都会觉得沉重的生活被稀释了,就连周遭的空气,似乎都轻盈起来。

小海是我的一位读者,两个月前,他发来私信说,烦透了目前的工作,日复一日地机械重复,朝九晚五,下了班不是追剧就是游戏,这样的日子,似乎一下子就看到了尽头。他说他想辞掉工作,去大理住上一段日子,把从前的自己找回来。

像小海这样的人,大概不在少数。身居都市,长期处于快节奏高效率的生活状态下,极易产生迷茫的感觉。活着活着就不知道为什么而活,脑海中,下意识展开一场金钱与自我的博弈,在物质生活和精神生活之间举步维艰,陷入两难。

这样的迷茫,是生活的常态。其实,每个人都在寻找生活的平衡点,尤其是年轻人。我告诉小海,去大理可以,辞掉工作却大可不必,不如请个年假,出去放松一下。去过了远方,也许才发现最美的就在身旁。

小海采纳了我的建议,请完假,独自一人踏上了去往大理的旅程。那段时间,私信里,经常收到小海发来的照片。古城街头,听流浪歌手的歌声听得入了迷;夕阳下的小海,温柔地眯起了眼睛;蝴蝶泉边,小海头戴美丽的花环,张开双臂,咧开嘴巴,肆无忌惮地笑;洱海岸边,小海静静地望着平静的湖面,身旁一只黄色的猫咪打着瞌睡，那一刻，整个世界似乎都安静了。

假期结束，小海回到了原来的城市，重新投入之前的工作。他平静地告诉我，其实，去了大理，一样会有迷茫，尤其是在万籁俱寂的午夜，一个人身处异乡，会有一种人生忽如寄的感觉。清醒有时，迷茫有时，这或许就是人生吧。

谁的人生不迷茫？迷茫是人生的常态。很多时候，你之所以陷入迷茫的情绪里无法自拔，或许是因为你把迷茫看得太重了，你夸大了迷茫的分量。

在我们长长的一生里，迷茫实在是无足轻重的一部分。每个人多多少少都会遇到自己的迷茫期，每个人都有找不到路的时候。此时此刻，别怕，停下来，闭眼小憩，然后继续往前走，你的视线或许会更清晰。

请相信，迷茫从来不是人生的底色。它只是你头顶的一片乌云，乌云会聚拢，也会消散，只消走过去，你就能看到晴空万里。

为什么听过很多道理，却依然过不好这一生

文 · 初小轫

我听过很多逆袭的故事，这个最让我震惊。之前的一个同事小昭，1992年出生的姑娘，刚认识的时候体重148斤，身高165cm。用她自己的话来说，雄壮如牦牛，只需微微一笑就可吓退三千猪羊。

小昭离开北京前，几个同事一起给她摆酒饯行。那天，她没有化妆，头发太油也懒得洗，只是拿头绳胡乱扎了个毛毛躁躁的马尾。酒过三巡，因为离愁别绪在心头，小昭借着有些微醺，突然哽咽着说："如果现在谁会对我这个丑八怪表白，恐怕就是真爱了吧。"所有人都哄堂大笑，独留她一个人怅然悲情。这一别，便是两年。

昨天，她突然给我发来一张照片，要我帮她参考脚上试的一双鞋好不好看。我定睛一瞧，张口就是一个大写的惊叹：这双纤细的大长腿是你的吗？

她羞涩一笑,说:"是呀,我现在体重92斤。"

"你这么馋,竟然可以减肥成功,怎么做到的?"

小昭说,也没啥,还是以前的老方法,只不过,这次动真格去做了。

小昭口中说的"以前的老方法",我们公司每个欲求瘦身的姑娘都知道——晚餐换成水果和水煮菜,其他两餐正常吃,每天仰卧起坐加3公里。如果逢上躲不开的饭局,该吃吃,计算好卡路里后,吃完必须跑步,一直跑到能够完全抵消掉饭局上过度摄入的热量。这方法听上去老套无新意,核心无非就是"管住嘴,迈开腿"。

道理谁都懂,但真正能成功逆袭别人一脸血的,为什么却始终寥寥无几?

我们一生总会听过几次让自己豁然开朗的课,见过几个让我们醍醐灌顶的人,遇见几件让自己热血沸腾的事儿,当时我们真的以为自己获救了。可是每当群体热情褪尽、情绪调回独处的时候,你往往就会失望地发现,什么天花乱坠的狗屁道理,其实根本就没什么用啊。

是道理出了问题吗?很遗憾,很多道理本身无所谓对错,它

── 践行之路，从无坦途。

们只不过是不同的人因为不同经历得出的不同结果，而真正的问题在于再多的道理也救不了你的懒。

听过这样一句话：对于一个鸡蛋来说，从外打破是食物，从内打破是生命。人生亦是。从外打破是压力，从内打破是成长。如果你等待别人从外打破你，那么你注定成为别人的"食物"；如果能让自己从内打破，那么你会发现自己的成长相当于一种重生！

人人都有低谷，人人都有一段必须要一个人走完的路。我们可以在坠入谷底的时候向我们信任的人求助，但没有一个心灵导师可以牵着你的手陪你走完每一步。可能有人会告诉你，世界很好，你只需要换个角度。但我更想说，世界有时候也很糟，我来告诉你怎么办。

但无论这些道理是给了你希望还是给了你方法，都不能完全帮你去一步一步地面对问题、解决问题。即便你有再牛的老师、再丰富的人脉，也不能帮你完全免除独自上路的苦。

你可能品遍八大菜系，却炒不出一盘西红柿炒鸡蛋；你可能看过一万本成功学，却没体会过一次最简单的成功；你可能早就明白两情相悦才能幸福的道理，却依然放不下一个对你早已无感的旧人；你可能在课堂上百分百听明白了那道题的做法，却因为没有实际做一遍而在考试的时候还会做错……从来就没有什么大道理，能够让你只需懂得不必付出，就能人生逆转、一步登天。

践行之路，从无坦途。

刚入设计圈的时候，参加了一个圈内的采风旅游活动。其中有一个字体设计大师，年纪不大，却声名显赫，所以大家都认为这是典型的天赋型选手，而且很多人之所以参加这个活动，都是因为他也在。

那天，很多人都带了单反相机，拍姑娘的拍姑娘，拍风景的拍风景，每个人都玩得不遗余力，只有这个字体设计师，总会时不时举起相机拍一下路边的广告牌、一闪而过的车身涂鸦。

我问身边一起来的朋友，他这是干吗呢。朋友一笑，收集素材啊，这些年他都是这么过来的，吃着饭会翻人家饭店的纸巾包装，出来玩顺手拍拍路边有意思的创意，玩着学着，两不耽误——这就是我们误以为不需努力就能少年有成的天才。

有道理告诉你，天才不需要努力就能成功，而你努力半天也没什么用。于是你想，既然这样，努力半天如果还是失败，岂不是白白浪费了时间？于是放弃行动，道理顺手也被抛之脑后，原地踏步半生，问题还是问题，平庸还是平庸，待垂垂老去，你就会不屑一顾地说一句：听过很多道理，依然过不好这一生。

但现实是，没有任何人可以能耐到神不知鬼不觉地随随便便就能过好这一生。真正好的一生，总是需要你去行动。做无数件别人不屑尝试的小事，拒绝那些试图迷惑你不需匍匐的虚假繁荣。

道理不会赐予你捷径，它只会让那些一直在一步一步往前走的人，过上比昨天更好的人生。

你有多久没在夜晚，仰望过满天繁星

文 · 张怀仁

前两天突然接到一个大学同学的电话，说他爸爸要来北京，请我帮忙接站。我很是惊讶，他爸爸不是癌症患者吗，怎么一个人跑来离家千里之外的北京？当我在火车站见到他的时候，那个面带倦容的大叔却兴致高昂地讲起他这一路北上的游历——贵州的黄果树瀑布，湖南的张家界，武汉的黄鹤楼，洛阳的石窟……完全不像一个重病在身的人。

叔叔说，在得病之前，他对许多事都有抱怨，总觉得老婆做的菜不是太油就是太咸，老觉得女儿下班后怎么总不按时回家陪他看个电视。可是现在他觉得，一家人没病没灾地守在一起，柴米油盐，就是幸福啊；没有外债，没有天快塌下来的大事压在心头，就是幸福啊；没有疼痛，不用人搀扶，能自由活动，就是幸福啊……于是，在病情稳定、征得医生同意后，他开始了这趟散心之旅。

"不是有句话说吗？已经不会比这更糟了，就像已经到了谷底,不管怎么走,都是上坡路。"叔叔说,所以他就想趁着身体还行,出来看看外面的世界,看看美好的东西。你的关注点是放在积极面上还是消极面上,能决定你的幸福水平。

是啊。有人说,我那么努力地生活,可生活还是辜负了我。可是,生活哪知道你是谁?不管它给你怎样的安排,你只能接受。但是,你也不是完全被动的啊,对待生活的态度掌握在你自己手上。

这让我想起不久前,广西柳州一位 27 岁的小伙子,他的女友患有家族遗传的小脑共济失调症,发作之后的短短 7 个月时间里,就从健康人变成了只能依靠轮椅代步的残疾人。今年元旦,他骑着单车,用两根绳子拉着轮椅,载着女友,从柳州出发开启旅途。6 个月后,他们抵达拉萨。他在布达拉宫广场,手捧格桑花,向轮椅上的女友求婚,彼此许下终生陪伴的承诺。他们还打算经过青海、甘肃、陕西、河南、北京、山东等地,再回到广西,在中国地图上走出个心形,来见证他们的爱情。

很多人都被他们不离不弃的爱情所感动,但我更愿意把这理解为是关于生命不屈的故事。就像小伙子说的,"车坏了就修,下雨了就躲,有困难就勇敢面对,没有什么是解决不了的。人生在世，什么都能体验一把，该多好。我们不会做莽夫，只是不想辜负此生，所以要去看更大的世界"。

"在这无常的世界，你要深情地活。"这句话，我似乎懂了。

人这一生，如果能平平安安地老去，也算是万幸。可生活不会总是这么风平浪静。深情地活，可能就是当生活给你的是破铜烂铁时，你也敢于踩着它们往上爬；可能就是在一团混乱的状态中，依然能发现点滴美好；你可以不接受生活的残缺或者平庸，但是在你发现它不完美之时，依然能够拥有热爱生活的激情和能力。

所以，想一想，你有多久没有在黎明破晓时分，看到过红日喷薄欲出；有多久没有在清凉的夜晚，跟爱人携手并肩仰望过满天繁星；有多久没有带孩子去郊外，倾听鸟啼虫鸣；有多久没有回到父母身边，夸赞他们的厨艺还是那么令人回味……

你不知道下一秒会发生什么，但是眼下的这每一秒，都应该珍惜。

别轻易放弃手中的"烂牌"

文·冯慧文

转眼之间毕业半年多了。最近和同学小聚,难免谈及这半年工作的感受。令我吃惊的是,居然好多人都在念叨着想换工作。去年找工作起早贪黑、焦灼难耐的场景历历在目,辛辛苦苦花了8个月找的工作,居然才刚刚半年左右就有这么多人想抛弃了。

换倒也无妨,只要清楚为什么换、想换到哪儿。但是,其中有些仅仅是对现状不满:"这工作每天重复无聊看不到前景""我就像个小工一样谁都可以支使我干这个干那个,不开心""工资太低""想去什么行业我也不知道,反正不是这种就行"。

当然,说是这么说,真正能行动起来的人估计也没这么多。但我还是有点替他们担心,如果半年前经过那么多比较和思考选的工作特别不合适,现在能选得更好吗?知道不喜欢这个单位容易,谁在工作上没点小不满呢?

前段时间看一档电视节目,有一个艺人说了这么一句话:"以前的人,什么东西坏了就想修;现在的人,什么东西坏了就想换。"

话里蕴含的道理让人深思：人生遇到不满意的境况，你是想修呢，还是想换呢？

现代社会的开放和自由程度已经远超从前，换工作已成为平常事，甚至有时候还成了一种正面的标榜：我是有想法有行动力的人，我是不安于现状不轻易屈服的人，我是不畏束缚有勇气从零开始的人！

可是，这样真的都很好吗？

打过德州扑克的人都知道，拿到牌之后，参与者是可以根据手里牌的情况选择"参与"或者"放弃"的。我第一次玩的时候过于谨慎，一看手里的牌不是明显极好就选择放弃，结果呢？几轮下来都没参与几次，净赔了一堆盲注。实际上，极好和极坏的牌都是罕见的，关键看你怎么打。一看不是非常好就放弃，看似是"以小失换大稳"，其实结果可能是"求小败而弃良机"。

没想清楚之前，请千万别轻易放弃手中所谓的"烂牌"——那可能只是一把不能确保胜算的普通牌而已，可能是你玩10次中有8次都会出现的情形。轻易选择出局不是证明你有多果敢的方式，选择去面对当下的境况才是勇气的表现。

在我看来，衡量要不要离职的标准，是在这里还能不能学到东西。也许有人会说，学东西也有一个时间和收益比的问题啊。可是，人生是个复杂而曲折的过程，怎能奢求所有的时间都是最"高效"的那一段？适当把握好节奏，留点时间思考、找找未来的方向，是为了以后跑得更快。记得有篇文章算过一笔账，如果说一万小时定律成立的话，一个人每用7年时间就可以成为一个领域的专家；如果一生能活80岁，除去懵懂无知的前两个7年，除去可能老糊涂了的最后一个7年，至少还可以成为8个领域的专家！急什么？

看来，有些东西，你如果修不好，可能也换不好。就像一个"玻璃心"的姑娘到哪里都会觉得被伤害；一个脾气暴躁的人到哪里都很容易跟人吵起来；一个过于自卑的人跟谁在一起都会没有安全感。矛盾的产生可能是环境的问题，也可能是自己的问题。如果自身的问题"修"不好，换到哪里都一样。

如果是真的看清楚了状况并做出审慎的评估，毅然决然选择及时"止损"，我举双手赞成。但是，如果只是因为"不爽"就稀里糊涂想离职，就不得不让人劝一句"请三思"了。不然，总有一天会有前辈们指着你的背影说：你看，我说对了吧，现在这些年轻人啊，就是这样眼高手低。

当你迷茫了,不知道该如何选择时,
就选择难走的那条路吧。

不管境况有多糟糕,
也都要全力以赴。

B

从现在开始，
从现在开始一点点努力，
然后能成为好一点的人就好了。

《十二国记》

不要荒废时光,也无须胡思乱想。你只需埋头将手头该做的事情做好,不要停止前进的脚步。

没有一条直路让你出类拔萃

文·慧慧

一个朋友谈起他刚工作这段时间的感受:"当我爬上爬下地修这修那,像个老大爷一样去菜场买菜搞价,一个星期后,我突然意识到,我难道不应该是社会的精英吗?这就是我的生活?"

这种感受我实际上非常熟悉。毕业前,我花了一个月时间,趴在地上组装新买的床、桌子、衣柜,鼓起勇气清理之前看到都恶心的"小强",忍着恶臭弯腰擦洗被一个臭鸡腿污染的冰箱,刚入住不到一个月就修了两次网络两次热水器,每天睁眼第一件事就是考虑下一顿要吃什么买什么菜……

无数次,我被这些琐碎的事情烦得心情低落。我安慰自己说,等我真的投入工作了,事业的成就感就会抵消这些不悦。

但是我忘了,刚去一家单位工作的新人,怎么可能一上来就能够干好那些让人很有"成就感"的工作呢?我就是一个冒冒失失一头雾水的小朋友,一边恶补新的知识,一边努力了解和记住这个场域当中的规则。现实是,即便我拿着小本子记下了所有的东西，就连最基本的操作也还是疏漏不断。

生活的强者？呵呵，算了吧，只是在象牙塔中想象的而已。问题是，我们把自己想象成强者，但既达不到那样的高度，又不接地气，就这样悬在空中。

我们通向出类拔萃的路该怎么走？我不知道，但至少，它不是一条直线。

入职前，有前辈给我忠告：年轻人要有锐气，不要和现实妥协得太快。为什么？年轻人的锐气可能让你和环境格格不入，可能让你痛苦、让你反思、让你受挫、让你怀疑自己，这是一条曲折的路。而迅速妥协则是一条相对轻松的直线，可以让你停留在舒适的区域当中。但这两种路径的结果却是不同的，人要成长，必须走出舒适区，进入拉伸区，甚至接近恐慌区。

哈佛幸福课的主讲老师认为，完美主义是人成就卓越的障碍。原因就在于，完美主义者总是将人生看作一条从A点到B点的直线，总是想寻求最短最便捷的路径，陷入要么完美成功、要么彻底失败的误区。而现实中，道路并不总是笔直的，真正追求卓越者从不回避曲折。

直线是最短的路径，但三角却是最稳定的，圆才是同等周长下面积最大的。

也许你的曲线是你费尽心思提出了无数个方案，被一一否定，这才突然发现，其实对方早已做了决定，你不过是白白花了心思；也许你的曲线是日复一日端茶倒水、扫地擦桌、打字复印，你不明白自己工作的意义在哪里；也许你的曲线是满心欢喜到了一个岗位，努力调整却失败，你发现，自己其实从最初起就入错了行。

可是，那又怎样？年轻就是最大的财富。你尽力去思考，然后碰壁，所以你知道了，界限和规则在哪里；你每天打字复印端茶倒水，看到了各种文件，观察着经验丰富的人是如何处事，所以你知道了，自己应该怎么做；你发现自己入错行，然后你更加坚定地清楚自己未来要走向哪里，遇到困难就不会轻易怀疑和退缩。

况且，没有谁生来就是"强者"，所谓"强者"也并不是一个固定不变的圈子，把某些人永久地划进来，好，就是你们了！它是个因时、因地而变化且没有清晰边界的概念。可能在某个领域，这些人够强，而在另一些领域，他们可能笨拙到离开别人就没法过；可能在这个时刻，某些人算得上强者，而过几个月，却又被另一拨人取代。

所以，就更没有所谓的"强者"就该是某种特定状态，我们头脑里的这种想象无非是被社会上一些信息建构的。强者就该"十指不沾泥，鳞鳞居大厦"吗？强者就该每天西装革履出入于各种商务会所吗？强者就该只负责每天坐在办公室里，从脑子里往外冒"创造性"的想法，然后让别人去实现吗？当然不是！

所以，每个人其实都是生活的强者。只是在寻找到自己可以充分施展的那片小小领域之前，愿我们都不介意像最普通的人一样，在最普通的生活里享受最美丽最勤奋的过程。

怕什么困难无穷，进一寸有一寸的欢喜

文 · 江罗

1

转眼间十几年过去了。当初学围棋时，先生送我一幅字画，如今还挂在书房中央，上面写着"人生如棋，落子无悔"。

先生告诫我：不管境况有多糟糕，也都要全力以赴。

记得那年，受动画片《围棋少年》的影响，我央求着爸妈要学棋。开始时，学得很顺，一年就通过了业余2段考试。尽管如此，我还是被先生责备——当时，我很懒，不愿看棋谱，几乎想到哪就走到哪，棋风飘忽、不懂布局，气势容易被人打散。先生说我缺少灵性，但还是不断地让我做死活题。

因为懒，所以我喜欢执白子，因为这样可以走模仿棋。在升段赛的第三局，不幸轮到我执黑子。由于急功近利，使得棋面蓄气不足，以致中期乏力，对手将我打得支离破碎。

> 生活给你烂牌的意义,不是让你撕掉它,而是让你改过自新,让你有一次逆袭的机会。

赛后,先生耐着性子给我讲解。最后,我恍然大悟:当时棋面旗鼓相当,但我缺乏应变能力,才一步步钻入对手的圈套。

我突然理解了先生为何不断地让我做死活题:我不擅长布局,所以才要勤练死活题培养应变意识。可惜我之前对先生的话置之不理,遇到困难的棋局,不去找最优解,反而埋怨棋面太糟糕。

人生如同棋局,你可千万别掉以轻心。

2

没有完美的人生,谁都会遭遇坎坷。当遭逢坏局面时,你应该积极面对,寻找解决办法,而不是让焦虑压垮自己。

朋友本科学的是临床学,可他并不喜欢,在学校玩网游,耽误了几年青春。每次见他挂科,父母也没少责备。但他总是说,做医生太累,不喜欢。实习那年,他的母亲不幸中风偏瘫。为了治疗,家里拿出了大部分积蓄。仿佛一夜之间,朋友长大了。他幡然悔悟,主动去找工作。

可是,工作也不是说找就能找到。在招聘会上,他拿着几近空白的简历,不知该投向何方。眼见同学们都找到了心仪的工作,而自己却没着落，巨大的落差感让他很悲伤。

但是，他想到了偏瘫的母亲，还有满怀期望的父亲，心一狠，硬着头皮承受面试官无情的"蹂躏"。

辅导员对他说："有些事，不是硬着头皮就能解决。你该认真思考自己适合哪一行业，而不是像无头苍蝇，到处乱飞。要找到人生的最优解，而不是无脑乱画。"

朋友把目光投向游戏产业，花了两天时间逛遍相关论坛，选择了几家公司，并对其产品写了一份体验报告，以及对游戏产品的理解。

面试时，他镇定自若地与产品经理交流想法，条理清晰地阐述他的看法。拿到 offer 后，他在朋友圈写了这么一句话：尽管握着一手烂牌，也要认真打完。

其实很多时候，你手中的烂牌并非上天的刁难，而是对你过错的惩罚。生活给你烂牌的意义，不是让你撕掉它，而是让你改过自新，让你有一次逆袭的机会。

3

小丫在销售部实习，长得不漂亮，出身也并不光鲜，但她很

> 怕什么困难无穷,
> 进一寸有一寸的欢喜。

有拼劲儿。在公司时,她每天都会利用空闲的时间准备注会考试。曾有人问她为何那么拼命。她说想在深圳买一套房。别人嘲笑她异想天开:条件那么差,野心却那么大。

小丫工资不高,但她没有放弃花钱去学习。每一天的成长,都让她感觉到喜悦。周末有空,就去市场扫货,回家自己改衣服。钱不多,但日子过得很丰满,跑步、看书……不知疲倦。

小丫告诉我,无论眼下的处境有多糟糕,都别害怕,更不要放弃对生活的希望。毫无背景不是你堕落的理由,而更应该是你前进的动力。

每当你前进一步,都会收获一份胜利的成就。

我们大多数人都很普通,拥有的牌都不会太好。但上天既然给了我们一双手,那就意味着给了我们翻盘的希望。

既然没有获得幸运,那也别轻易放弃任何一个"坏"局面。你要想办法,把死局盘活,把糟糕的生活过得更有诗意。

4

你该花时间思考,如何打好一副烂牌;而不是抱怨命运,或者干脆撕牌。当做出积极的选择时,你也会变得更优秀,生活同样会反馈你不一样的精彩。就命运而言,休论公道。有人命好,有人命歹。怕什么困难无穷,进一寸有一寸的欢喜。

至今,我依然怀念围棋先生。虽然我不是他最优秀的弟子,但依然感激他对我的教诲。先生曾说,人生恰似棋盘,利用得好,那就不存在废子,可一旦放任,就算妙子也会沦为废子。

我们正当年轻,虽然欠缺宏大的布局观念,但应该学会最基本的挫折意识。放心,生活不会将你置于死地,总会留有生路。而你所要做的,就是寻找最优解,把烂棋做活。

不放弃,便有希望。进一寸,便有欢喜。

一受挫就止步，怎么能等到柳暗花明

文 · 刘小甜

文学家木心说："生命是什么呢，生命是时时刻刻不知如何是好。"

而我至今记得，在我受挫迷茫、不知如何是好的时候，阿爽告诉我："不要荒废时光，也无须胡思乱想。你只需埋头将手头该做的事情做好，不要停止前进的脚步。"

1

阿爽是我的大师姐，长我几岁，曾经是学院的著名学霸。现在在外企担任资深 HR 的同时，还是一名出色的摄影师。工作上的她兢兢业业、认真严谨，业余时间便抱起相机潇洒走天下，作品多次刊发在摄影杂志上。

那日海边集体活动结束后，朋友们纷纷在帐篷内昏昏入睡，而她却始终坐在沙滩上等候。在夜深人静的时刻，阿爽按照预想的照片布局，支好相机支架、调好镜头焦距，并在适当的时刻按下了快门键。

不远处时不时传来浪涛拍岸的阵阵声响，黑夜里万里无云、星罗棋布，星空流淌着光痕熠熠，显得格外澄澈纯粹。我好奇地从帐篷中爬出来，观望着她这一系列举动。随后有一段漫长的等待相机曝光的时间，我们两人低声聊了起来。

彼时的我，正值学业中最为迷茫的时刻——暑期项目申请失败后的挫败感、对待大学专业的困惑感、面临未来道路选择的犹豫感、无所适从无处下手的恐惧感，全部不由分说，涌至心头。

阿爽听着我的倾诉，不由得一笑，在错乱复杂的星象中指给我北极星的方向，并细致地讲述着每个星座大致的形状与模样。她说："你看这些星星，貌似杂乱无章，实际上都在我们肉眼无法捕捉到的轨迹里不断行走着。而你也是，可以迷茫，但千万不要以此为借口而止步不前。"

2

迷茫,是每个人都会经历的生活状态。阿爽师姐也曾有过专业学习与课余爱好的权衡,父母一再斥责她不要"不务正业",并一遍遍帮她衡量利弊与得失。她也经历过摄影过程中久久无法突破的瓶颈,在一次次的挫败中产生自我怀疑。

阿爽师姐心情烦躁时便会去校园的湖边散步,看着湖面荡漾微波,就悄然剿灭了内心一隅的兵荒马乱,重归平静。"我告诉自己,眼下这个时刻,尽管迷茫不定,但努力学好功课,一遍一遍地去拍片、修片,总归是不会有错的。"

我突然意识到,眼前我所羡慕的阿爽,并非是一个理性到极致的神人。她的梦想也是在迷茫状态中,通过自己一点一滴的积累,水到渠成才实现的。

那一刻,我猛然想起很多人——

我见证过朋友在考研、工作、留学的道路上徘徊不定时,毅然决定每日沉浸在图书馆好几本几十厘米厚的专业语言学书中。当他说着一嘴流利的美腔英语时,无数的好选择接踵而至。

我见证过朋友失恋后无所适从，最终带着近二百斤的虚胖体型出入健身房，自此以后每次相见都会让我感到诧异，从体重的减轻到线条的凸显，到最后觅得一个更加漂亮贤淑的姑娘。

我也见证过朋友天天沉溺在游戏的世界无法自拔，他在生活中迷失了方向，用一种虚无的方式自我填充。大学挂科数门后，被学校硬生生地劝退……

3

终于，阿爽在相机上按下终止键，漫长的曝光时间结束了。我捧着相机，看着画面上那一道道还未加修饰的清晰星轨，突然感慨万分。

那些痴心人不由分说地埋头苦干，那些在迷茫困境中的不加退缩，在摸不清前路时一贯如故的辛勤耕耘，都会在今后不知什么时刻，悄悄地开花结果。

所以，当我们迷茫的时候，应该怎么办？

首先，坦然接受自身迷茫的状态。生命的道路充满着偶然的际遇与未知的变动，人类自身的存在及其意义本身便是一个复杂

> 善良人在追求中纵然迷茫，
> 却始终将意识到有一条正途。

的命题，困惑与思考才是其中的常态。很多道路的开辟，正是源于一点一滴的摸索，才在点滴铺垫中水到渠成。

同时，感谢生活带给我们的所有，包括碰壁与挫折。因为每一段经历都会在无形之中拓宽我们生存的心境与空间。某种意义上，对精彩生活的期盼，不在于每日的灯红酒绿，不在于事业的风生水起，而在于面对惶恐与困难时，能强忍住气急败坏的情绪，亲眼目睹自身潜力的拉伸。

《浮士德》中有一句话说："善良人在追求中纵然迷茫，却始终将意识到有一条正途。"不同人的诠释中，有着不同含义的"正途"，然而靠着努力的方式获取充实的感受，却着实也为"正途"的一种。埋头去做眼下我们认为对的事情，无论是学习一门外语，还是锻炼好的体魄，抑或习得一项新的生活技能。不知哪日，抬头一看，可能就是山重水复已走过，柳暗花明重又来。

没有一种委屈是单为你准备的

文·尚军

朋友大伟说他要辞职。因为那天下午，在公司一个项目小组负责人的竞聘中，9个评委，他只得到了一票。大伟不服气，他在公司里干了足足6年，也算是个"老人"了吧。可是，怎么就被初出茅庐的小年轻给比了下去？

更让大伟愤懑的是，他的能力不比别人差，干得不比别人少，业绩说不上拔尖但也绝不是垫底；老板让加班，不管多晚，他从来没有二话；同事请他帮忙，哪怕自己再为难，他也统统应承下来。结果，他的付出、他的友善、他的任劳任怨好像大家都没看到。用他的话说，那仅有的一票就像一个笑话，将他曾经还自我感觉良好的职业幸福感全部摧毁了。

"不至于，不至于。"晚上，几个朋友聚在一起，大家都安慰他。

大伟的委屈，职场中的你我可能都会碰到。熬夜做出的方案，可能被上司贬得一文不值；真心以待的同事，可能就是在背后给你穿小鞋的那个人；千小心万小心做完一个项目，眼见就完美了，却出其不意地冒出一个小纰漏；早出晚归拼了一整年，升职加薪的却是别人……

已经过了一受委屈就掉眼泪的年纪，但那种别扭仍然会像一根根小刺，虽不至于绊你一跤，但总归会让你心里憋得慌。

可是，这天底下，哪有一种委屈是单为你准备的呢？问问身边的人，谁没有被老板骂过，谁不是一年中想过十次八次要辞职走人呢？

无非是，碰到那些过不去的坎儿，有些人怨声连连，从此放任自己；有些人开始穿上铠甲，不愿再敞开心扉释放善意；有些人变得锱铢必较，一分付出必定要求立马要有一分回报；而还有些人，难过一阵子，就放下了，甚至还越挫越勇，把一时的悲愤化作前行的动力，反而越走越远……

我常常在想，每个人心中都有这样那样的梦想和远方，或清晰或模糊。可是，为什么有些人能够抵达，有些人却迷失在了半路上？这其中，需要实力的夯实，对梦想的坚持，有健康的体魄，可能也有一些运气，可能也取决于你面对那些让你糟心状况的态度。

委屈，是弱者让自己苦闷和逃避的理由，也是强者勇于自省、查漏补缺的动力。

那晚一起吃饭的阿建，28岁，从大学毕业到现在，不过5年时间，就从普通文员做到了项目经理。阿建说，在他还是职场菜鸟的时候，收入不高，连请人吃个盖饭都得盘算着最好不要再加菜了。工作贼累，没日没夜地干活，最后连女朋友都因为他无暇陪伴跟他拜拜了。就这样，他还常常挨老板骂。

阿建是学日语的，一开始在一家外贸公司做文员，有一些进口产品的英语说明书，老板总拿给他看，让他也提提意见。可能在老板眼里，日语、英语，都是外语，触类旁通也说得过去。可毕竟有许多专业术语很难准确理解，经常是他说得老板不明白，老板想要的他又解释不清。老板一骂，他委屈极了，这明明不是我的专业啊！

后来，他给自己设了三个月期限。大冬天，下完班以后，坐着地铁从城市东头去西头上专业英语辅导班。回到出租房已过零点，屋外滴水成冰，屋里暖气坏了，没时间去修，半夜得裹上三个被子才能入睡。坚持了三个月，他再看那些英语说明书，明显顺当了很多。

阿建说，后来想想，那三个月是很辛苦，可又觉得充满希

> 如果你觉得这次的委屈特别大,
> 或许是因为这次的收获也格外大。

望。每天都有新的收获,并且清楚地知道吃的那些苦,是为了今后不用再这么慌慌张张地活着,是为了让今后受的委屈能少一点。

所以你看,职场上没有谁比谁过得更轻松如意。那些让我们羡慕的成功者,谁不是打败了一个个委屈,才能前行。

受了委屈,你以为摆脱这个岗位就会好了,你以为熬过这一段就好了。其实不会,这个活干完了还会有下一个,这个困难过去了还会有别的困难接踵而来,源源不断。尤其当你逐渐成长成熟,你会承担更大的责任,有更重的压力、更多的委屈。

不是有句话说吗,如果你觉得这次的委屈特别大,或许是因为这次的收获也格外大。

我只是怕,随着年龄的增长,曾经不知天高地厚的心态老了,膨胀的激情被现实挤得干瘪,我们会不会因此失去了对委屈的感知能力?如果是真的委屈,你已经不愿再去争取自己应有的权利,得过且过;如果是自以为的委屈,怕你丢了锐气,没了想要去完善和改变的渴望。

这样看来,受点委屈或许也并不总是坏事。委屈的存在,不仅仅是为了拿来打击和考验我们,可能也像一个提醒,让我们不要忘了还可以去努力变成更强更好的人。

当你真的战胜了那些让你觉得委屈的事情,你才能前行。道路曲折,但终会到达。

再咬咬牙就好了

文·伊汶

1

"我……决定考研了。还是想试一试,趁自己还年轻。"好友 Candy 打来电话,语气里透着坚定。

"既然决定了,那就放手一搏吧。"我了解 Candy 的艰难,也知道她做出这个决定要承受多大的压力。

Candy 出生在小城市的农村,祖辈世代都是农民。在那个女孩子读书都是奇迹的地方,Candy 一直坚持着读到大学。这期间,她所做的努力与争取,每每与我谈起,总是痛哭流涕。

Candy 从小学习好,爱读书。她小时候,家里凡是带字的纸张基本上都用来糊墙,Candy 经常歪着头读完墙上歪七扭八的报纸。地上经常有被撕碎的报纸,Candy 捡回家一点一点拼接起来,看了一遍又一遍。刚开始,家里人并不支持她读书,觉得女孩子不需要懂得那么多。在继续上学这个问题上,Candy 哭了三天三夜,终于得到父母的同意,可仍然没有得到多少鼓励。谁也不相信她一个女孩子能读得多有出息,能怎样出人头地。于是,更多时候她是边读书边干活,边听着周围人的奚落。

"就知道读书,真是个书呆子!""心比天高,命比纸薄,啧,还想上大学呢。""你是读书人,还有你不知道的呀。"……每次听到这些奚落的时候,她的父母也会疑惑:"女孩子家的读书有什么用?"少时的 Candy 也曾一个人躲在角落里偷偷哭泣。但在擦干眼泪之后,她仍会拿起书本,为了那个梦想,她不愿放弃。

最后,她考上了大学。在大学里,她拼尽全力争取奖学金,假期做兼职、做家教,在维持自己生活的同时,还会给父母寄一点点钱。她不敢旷一节课,为了弄懂一个问题,彻夜不睡……

我曾打趣她就像《平凡的世界》里的孙少香。她笑笑,不说话。一如既往地坚毅。

我们曾在灯火辉煌的夜里,仰望着那一扇扇温暖的窗口。"我也好想在大城市里有个家。""尽管这么多年来,我读书有那么多不易,可是我从未想过放弃。""每一次,每一次,特别难的时候,我就想坚持一会儿。再坚持一会儿。"……

> 坚持住，年轻的时候都是这么过来的。
> 咬咬牙就过来了。

Candy 最终还是决定考研了。我知道她所做的挣扎与努力；我知道她为了最初的梦想，一定会坚持；我知道她不会放弃；我也知道她不会畏惧那些奚落与嘲讽。

2

我的领导侯总是一位十分优雅的女士。前段时间她从加拿大回国，邀我一起喝咖啡听讲座。一边经营着自己的事业，一边享受着家庭生活的温馨，在我们眼里，侯总一直是我们奋斗的榜样。

席间，她给我讲起了她年轻时的故事，一个也曾被别人嘲笑但始终坚持梦想的故事。

侯总的老家在江西农村。20 世纪 80 年代考上大学，分配在北京一家报社工作。那个时候，她最大的梦想就是留在大城市。一群刚刚分配的大学生挤在单位的地下室里，每个月领到的薪水算计着吃穿还常常不够花。可是，因为这是自己的梦想，所以每天还是很开心。

可是后来，侯总失业了，在她 39 岁的时候。她那段时间手里的积蓄有限，年龄上又没了优势，每天早上起来想的就是往后的日子要怎么生存下去。

继续留下？回老家？"我要在这里生存下去。"这可是自己坚持了那么多年的梦想。

后来，侯总创业了。也曾蜗居在简易的出租房里，打拼到凌晨两点。也曾咬紧牙关，也曾受尽嘲笑——"你这么大年纪，又是个女人，创什么业，你不是那块料。""你要是能创业的话，还会失业吗？别异想天开啦！"

很多情况下，在我们最需要鼓励与帮助时，偏偏听到的是嘲笑与奚落。而这个时候的嘲笑与奚落，最容易让我们堕落。

有个历史故事说，苏秦当年拜六国相归来，重金酬谢了曾帮助过他的人，而一个一路跟随他的人却迟迟没有得到酬谢。那人终于忍不住问他："我陪你走了一路，为什么你感谢了所有人，却并没有感谢我呢？"苏秦说："因为在我遭遇挫折差点要放弃、最需要人帮助的时候，你并没有鼓励我。"

如今时过境迁，侯总现在说起往事时，一切显得那么云淡风轻："坚持住，年轻的时候都是这么过来的。咬咬牙就过来了。"可是，我懂得，有多少次的无助才换来这一次的云淡风轻。

3

前段时间热映的电影《疯狂动物城》，讲述的是兔子朱迪通过努力奋斗完成自己儿时的梦想，成为动物警察的故事。

因为偏见，起初没人相信一只弱小的兔子能够成为警察，就连朱迪的父母也不支持她的梦想。但朱迪始终没有放弃，通过自己的努力考上了警校，并成为警校最优秀的毕业生。

朱迪来到大城市当了一名警察。因为偏见，依旧不被重视，但朱迪没有放弃。终于和狐狸尼克一起破获了大案，保卫了动物城的居民，让动物城重新回到了和平欢乐的时光⋯⋯

其实，我们中的大部分人，小时候都曾拥有梦想，都曾无条件地相信这个世界的美好。可现实不是童话，当我们遭遇偏见、遭遇嘲讽，认清了现实之后，很多人放弃了儿时的梦想。

然而总有一些人，如 Candy、侯总，他们像兔子朱迪一样，不曾气馁，始终坚持着自己最初的梦想。是他们让我们明白：尽管在追逐梦想的道路上荆棘遍布，可是请你不要轻言放弃。坚持一会儿，再坚持一会儿。因为在坚持的道路上，你可能最终没有成为你想要成为的人，但是你一定会成为更好的你自己！

就像《疯狂动物城》里说的,生活总会有点不顺意,我们都会犯错。天性如何并不重要,重要的是你开始改变,开始拥有梦想!

快坚持不住的时候,默默告诉自己:"慢慢都会好起来的,再咬咬牙就好了。"

跨不过去是苟且，
跨过去了是远方

文·尹惟楚

曾经有朋友和我聊天。她弟弟不顾家里人反对，坚持要放弃眼下公务员的工作，去追求当下一些文章中所描述的诗与远方，整天嚷嚷着要做一名背包客，正东挪西凑地借钱准备去旅游。

我问她弟弟为什么辞职。他说他感觉生活极其无趣，每天朝九晚五，三点一线，一眼就可以望到头。人就一辈子，这不是他想要的人生。

我问他辞职后有什么打算？他说当一个背包客，去旅游。旅游回来后呢？他没有接着回答，而是说，其实我蛮羡慕你们的，什么时候都可以来一场说走就走的旅行。

我哭笑不得。我们大部分作者都有自己的本职工作，下班后还要抽时间码字写文，哪来时间天天旅游？

所有人都厌倦千篇一律的枯燥生活。很多人习惯将自己正经历的生活当成苟且，近乎偏执地认为远方存在着诗一般的生活。

殊不知,你所谓的诗与远方可能正是别人眼前的苟且。而真正诗一般的生活,从来都是在当下平凡的生活中发掘出美好,将平凡的日子过得不平淡。

大学一师兄,研究生毕业后经导师推荐进了全国有名的设计院。该院是本专业全国"八大院"之一,所以无论是对专业技能的提升,还是个人的发展前景来说,都非常不错。

可去年六月,入职不到一年的师兄突然辞职了,我们都倍感疑惑,后来经一个和他关系要好的师姐讲述,众人才恍然大悟。

入职后,师兄发现,抛开职场前辈不谈,单就他们那些新人,顶级大学毕业的就好几个,其他重点学校毕业的更是一抓一大把。在那样的设计院,卧虎藏龙本是一件很正常的事情。可对于一直习惯了成绩鹤立鸡群的他来说,这种巨大的落差让他一下子适应不过来,甚至陷入了极度的恐慌,最后都开始怀疑自己的人生。

他觉得自己应该寻找一个逃离的豁口,便向领导申请调休长假,在遭到领导拒绝后干脆直接辞职,背着背囊就一路向西,晃荡一大圈,最后驻留在拉萨一家青年旅馆。

我们一度以为师兄就要因此顿悟,过上了他诗一般的生活。可待了三个月后,师兄风尘仆仆地回来了,并且立马找到一家普

> 跨不过去是天涯，
> 跨过去了就是咫尺。

通设计公司就职，过上了朝九晚五的上班生活。接着他又一次性报了几个证件的考试，甚至将目标瞄向了一个我们望而却步的证件，岩土工程师。这也算是恢复了从前对待学习那种一往无前的气势，可前后两家单位的巨大差距还是让我们为他甚觉可惜。

后来在一次偶聚的时候说起这件事，他说遗憾是有，但也不是完全没意义，至少让他明白了一个道理。跨不过去是天涯，跨过去了就是咫尺。

毕业第二年，我遇到了入职以后最大的挑战。那时候公司接了一个水坝除险加固项目，我被临时顶上了一个项目负责人的位置，听起来是加官升职，可实质是因为公司人手不够，因而被赶鸭子上架。总工派了两个应届实习生给我，可他们两人对我工作的分担可以说是微乎其微。甲方项目催得急，足足半个月时间，我都是每天满负荷工作。

可就在我把项目交上去后，甲方那边又出现了重大变更，看着那些被退回的资料，我的心真的跌到了谷底。我想我受够了，坚决不伺候了。下班回住所的路上，我突然感性起来，一个念头猛地出现在了我的脑海：我要辞职。

当这个念头出现在脑海后，瞬间就像被魔鬼上了身，回到住所便整理衣物，背着行囊就出发了，甚至都没想过先辞职这种事。

可在去车站的路上，每走一步就气消一点。我想起刚毕业的时候，我和同学两人在一秒内做出了一个辞职旅游的决定，在外游荡了一个月，但并没有找到想象中的诗与远方，而是回来后啃着馒头重新找工作。

我彻底失去了一开始的冲动，背着背包又默默地走了回去。第二天我便沉下心来，带着两个实习生仔细核验修改。

其实心态真的很重要，当你摒弃了各种浮躁的想法，明白了自身的处境，并知晓除了面对别无选择的时候，那种力量可以让你的工作效率几何倍增。一个星期不到，我便将变更修改后的资料交了上去。

那天下午，在回住所的路上，还是那个火红的夕阳，却足以让我感受到生活的另一种美好。很多时候，当自己的心被牢牢捆绑，而你又一意躲闪不愿面对，那逃离再远也是徒劳，因为你总有一天会回归到生活原本的轨迹。

谁都不想让机械般的生活吞噬自己，谁也不想在人生前行的路上苟延残喘。我们都在寻找一种精神上更高级别的生活方式，可很多时候却也因此而忘记了脚下的路，将憧憬和美好寄托在了未知的远方。

人生是一场修行,生活更是需要一份智慧与定力。同样的事情,相同的境遇,有些人将生活过成了苟且。可同样,也有很多人将生活过成了诗与远方。

你觉得当下的生活枯燥平淡?跨过去,找到一个能够让自己灵魂产生共振的兴趣爱好。

你觉得前方的道路黯淡无光?跨过去,努力掌握各种能够提升个人价值的专业与技能。

你觉得眼前的困境让你心力交瘁?跨过去,既然无法逃避,那就静下心来坦然面对。

跨不过去,哪怕远赴天涯,灵魂仍被牢牢地困锁在原地,心系苟且。跨过去了,即便身处闹市,还是可以寻得内心的皈依,享受自己独有的诗与远方。

出路出路,
走出去才有路

文·赵星

"出路出路,走出去才有路。"这是我妈常说的一句话,每当我面临困难及有畏难情绪的时候,我妈就用这句话来鼓励我。

很多人有一样的困惑和吐槽,比如在自己的小家乡多么压抑,感觉自己的一生不甘心这样度过,自己的工作多么不满意,不知道该离开还是拔地而起去反击。你问我,我也不知道你应该怎么选择,人生都是自己的,谁也无法代替你做怎样的选择。

有一个和我熟识的快递员,我之前与他合作了三年。最开始合作的时候,他负责收件和送件,我搬家的时候,他帮我安排过两次公司的面包车,有时候他送件会顺路把我塞在他的三蹦子里当货物送回我家。他时常跟我提起在老家农村种地的生活,以及进城之前父母的担忧及村里人为他描绘的可怕的城里人的世界。那时候的他,工资不高、工作辛苦、老婆怀孕、孩子马上就要出生了,住在北京偏僻的郊区。

一定有很多人想说："这还在北京混个什么劲儿啊！"但他每天都乐呵呵的，就算把快递送错了也乐呵呵的。某天，他突然递给我一堆其他公司的快递单跟我说："我开了家快递公司，你看得上我就用我家的吧。"我有点惊愕，有一种"哎哟喂，张老板好，今天还能三蹦子顺我吗"的感慨。之后我却很少见他来，我以为是他孩子出生了休假去了。再然后，我就只能见到单子见不到他了。

某天，我问起他们公司的快递员，小伙子说老板去上海了，在上海开了家新公司。我很杞人忧天地问他："那上海的市场不激烈吗？新快递怎么驻足啊！"小伙子嘿嘿一笑说："我们老板肯定有办法呗！他都过去好几个月了，据说干得很不错呢！""那老婆孩子呢？孩子不是刚生还很小吗？""过去了，一起去上海了！"

那个瞬间，我回头看了一眼办公室里坐着的各种愁眉苦脸的同事，并且举起手机黑屏幕照了一下我自己的脸，一股"人艰不拆"的气息冉冉升起。并不是说都跳槽出去开公司才厉害，在公司瞪着眼睛看屏幕就是没发展，我是想说，只有勇气才能让自己做出改变。

我们每个人都觉得自己越活越内向,越来越自闭,越长大越孤单,以至于滋生了"换个新环境,我这种性格估计也不会跟其他人相处融洽,所以还是待着忍忍凑合过算了"的思想感情。与其说自己自闭,其实就是懒,不想突破自己好不容易建立起来的安全区域。于是大家都活在了对别人的羡慕嫉妒恨与吐槽抱怨生活不得志中,搞得刚毕业的学生都活得跟30岁一样。

《拒绝平庸》里有一句话:"很多时候我们为什么嫉妒别人的成功?正是因为知道做成一件事不容易又不愿意去做,然后又对自己的懒惰和无能产生愤怒,只能靠嫉妒和诋毁来平衡。"

其实走出去不一定非要走到什么地方去,而是更强调改变自己不满意的现状。有人问我那你常说要坚持,天天跑出去怎么坚持?其实要坚持的是一种信仰,而不是一个地方,如果你觉得一个地方让你活得特别难受,工作得特别憋屈,除了吐槽和压抑没别的想法,那就要考虑走出去。就像歌词里说的:"梦想失败了,那就换一个梦想。"不能说外面都是大好前程,但肯定你会认识新的人,有新的机会,甚至改头换面重新做人。

很多人觉得在一个公司做不下去了,需要思考下是不是自己能力有问题。职场上的合适不合适,有很多可能性和干扰因素,

> 有时候走出去不仅仅是找到新机会,更重要的是找到适合自己的位置,树立起人生新的自信与欢乐。

不仅仅是能力的事,谁说他在这里干不好,去别的地方也不行呢?想想,真的是这样,职场上总能见到在一个地方待不下去而在另一个地方就如鱼得水的人。有时候走出去不仅仅是找到新机会,更重要的是找到适合自己的位置,树立起人生新的自信与欢乐。

别在同一个地方折磨自己太久,别跟自己长时间过不去。出路出路,走出去了都是路。

你赤手空拳来到人世，
为了心中的那片海洋

文 · 这么远那么近

你可知道，当你突然明白生活不仅仅是眼前模样的时候，那时已经晚了。

所有曾经隐忍的时光，都意味着我们会有更多的潜能可以发挥，那些在你前面形成的旋涡，都是搅拌时光的迷药，你吞下它，然后目眩神迷，跌跌撞撞往前走，迷失方向。

我记得有一句话——不要做只顾眼前的人，不要做一个"正常"的人，在别人眼里的正常，或许也有另外一个同义词——平庸。

前一段时间我出差去台北，在飞机上偶尔醒来，听到旁边的同事低低地抽泣，我拉下毯子扭过身子问她，怎么了？

她抹了一把眼泪告诉我，家人给的压力很大，总让她回去生活，自己在北京近十年，却一直没有归属感，仿佛这座城市的一切都和自己没关系。虽然做着看似光鲜的工作，但背后的艰辛又有几个人懂。自己想想，还是放弃吧，但是……

> 当你有很多路可以走的时候,往往最艰辛的那条道路,能最早看到光亮。

我插话说,不甘心。她点点头,对,不甘心。然后她不好意思地冲我笑笑。我没有多说什么,继续闭上眼睛佯装睡觉,但心想,不甘心,说明你心里还有梦啊,傻姑娘。

梦想是一个很折磨人的东西,曾经有话说,梦想很丰满,现实很骨感。但经过这些年我才知道,这话其实错了,现实其实很丰满,但理想却很骨感。

有人说不相信奋斗的意义,也说梦想一文不值。有人因为无法得到心中所想早早放弃,有人不知道坚持下去究竟为何,也有人,在生活的百般压力面前,缴械宣布投降。

生活把我们翻来覆去地虐待,而我们仅为了一些大众标准生活,这样的日子就会活得顺畅如意吗?我不相信。

这个世界上,有很多事情我们无法完成,你想要尽快腰缠万贯,你想要早日得名得利,你想成为人中翘楚,但是谈何容易?

一天晚上,我和一位熟悉的编辑老师坐在车里,她第一次对我讲起了她的故事。10年之前独自来到北京,那时是二十出头的年纪,为了爱情扛着行李来到这座陌生的城市,一切的生活与往日不同,住在半地下室里,每天做一点散工养活自己。

不久,爱情离她而去,她开始真正想要怎么度过以后的日子。

后来因为巧合进入了图书行业,那时身上已经没有积蓄,借钱买了一辆二手自行车,每天上下班要骑车两小时。

在黑暗中我问她,这样的日子苦不苦?她笑笑继续说,那时每天担心的只有两件事,一是明天会不会下雨,二是中午吃什么。

她告诉我,如果明天下雨或者天气不好,就要坐公交车去上班,坐车要花钱。中午吃一份盖饭,舍不得吃完,留下一半留着晚上吃。8块钱就是一天的饭钱,后来附近开了一家新的饭馆,里面的黑椒牛柳盖饭特别好吃,但是要12块。

我默不作声。她继续说,新的饭店给的量也足,但是不能总吃,太花钱;而且总打包感觉也有点丢人,思来想去还是8块钱的更适合自己。

我冷不丁问她,不饿吗?她说,饿啊,那时瘦到只有80斤,不敢生病,不敢买东西,总怕花钱。我又问,这么辛苦怎么不回家?

她乐了,拍着我的肩膀说,现在不也挺值得?当你有很多路可以走的时候,去走当下的路,去做当下的事,往往最艰辛的那条道路,能最早看到光亮。

每个人都有自己的天赋,也有努力的极限值,这些先天因素都决定了你是否能做好一些事情。但是不要忘记,所谓不相信努

所有的艰辛必然有它的道理，
因为那是梦想的原始本质。

力的意义，所谓不想走艰难的路，其实都证明了一件事，你的心，根本没有做好接受未来的准备。

我曾经听过一句话，生活给予我们千百种生活方式，既然我们认定了其中一种，那么就走下去，如何走是你的事情，走到何时也是你的事情，既然都是你在做主，干吗要对不起自己，干吗要临阵逃脱？你逃离的不是你的生活，而是真正的自己。

我始终都相信，所有的艰辛必然有它的道理，因为那是梦想的原始本质。

有人曾经在微博上问我，如果自己坚持的梦想一直没有实现，会不会觉得遗憾？我说，不会，但前提是我真的尽力了。

尽力这回事说起来简单，但做起来却困难。正如老师的故事，简单几行字就可以一笔带过，但细细想来，那些炎热的夏日，那些寒冷的冬天，那些无法面对的时光，她是怎样独自一人走过来的，这其中的酸楚，又怎能是几行字可以描述清楚？

我觉得努力是梦想的前提，也是尽力的回报，实现梦想是它们综合在一起的回报。你或许会因为在其中时难以坚持黯然神伤，但回头再看，一定会为曾经的努力而深深自豪。

如果说你的选择是做自己喜欢的事情，那为什么要放弃呢？

如果在面对外来压力时说是迫不得已,是否可以理解为是你的坚持不够呢?任何事情都可以有借口,但是在我看来,唯有努力和坚持,是没有借口可以推脱的。

因为在我的心里,坚持是我衡量是否对得起自己的唯一杠杆;而是否能够坚持,取决于我是否真的想对得起自己。

我相信,不管是什么人,如果能够懂得自己,无论选择怎样的道路都不会后悔。正如老师所言,怕的是选择之后一再后悔,将青春时光白白浪费在了抉择和纠结里。倒不如一条道走到黑。

我曾经打趣地问,走到底发现是死胡同怎么办?她说,那就一头撞过去,能够走到死胡同一定是走了很远的路,那时自己的身上早已有了坚硬的盔甲,刀枪不入。怕就怕还没走就是个软柿子,那就必定要受欺负。

和我一起出差的那个姑娘后来告诉我,之所以在飞机上情绪崩溃,是因为不愿意过混吃等死的生活,但又不知道该如何坚持。现在我应该告诉她,当你不知道如何选择的时候,去走那条最艰辛的路。

谁都想要过好的生活,想买好的东西,想随时旅行,想一切都拥有,没有人喜欢艰辛,也没有人愿意一直劳累。但是,在你想要过好之前,首先要走过艰辛,不是每个人都可以累了就去购物去旅行,也不是每个人都会在困顿时马上醒悟。但是,你可知道,当你突然明白生活不仅仅是眼前模样的时候,那时已经晚了。

　　我们注定是有许多无奈的,梦是真,想是真,压力是真,困惑是真。所有的一切附着在身上的时候,自然会感觉到压力,那时我们都会想,不如就放弃吧,不如就换条路吧,因为眼前的一切所得必须抓住,往后的梦想不一定会实现。所以,就这么着吧,得过且过。

　　很多人都会这么想,于是很多人都变成了得过且过的人。

　　不要担心自己的生活即将结束,而是应该担心你为自己而奋斗的生活其实从未开始。

　　你是什么样的人,就会产生什么样的思维,拥有什么样的梦想。你相信它,自然它也会相信你,但如果你开始犹豫时,那么你内心所想就会离你越来越远。我们不是应该突然明白生活不是眼前的光景,而是从一开始就笃定,如果要遇到光明,一定要首先经历黑暗。

　　当你追逐你的道路时,这个世界注定会制造很多麻烦来困扰你,现实压力也会束缚你前进的步伐,但这些都不重要。重要的是你有没有信心和毅力，重要的是你有没有一颗跳动的坚持的心。我始终相信艰辛会让人成长，而努力一定会带来更好的未来，因为未来的自己，一定会感谢现在走过艰辛道路的自己。

生命终归是漫长的，我们所能依靠的只有自己。所以，管那么多做什么？该做的做，该走的走，流泪了就擦干，迷茫了就调整。你面向阳光，才能继续前行，而背后那些艰难的阴影，也会因为光的渐亮，无处可逃。

生活不只眼前的苟且，还有诗歌和远方的田野。你赤手空拳来到人世间，为了心中的那片海不顾一切。

生命中最难的阶段，
是你不懂你自己

文·这么远那么近

在我的微信公众号，几乎每天都会收到一些朋友的留言，他们在诉说自己的苦恼，不知道自己会什么，不知道自己想做什么，想做的事情又往往不知该如何下手，或者没有真正尝试过，但又不甘心。简而言之，就是不懂不知不做，然后只能一直迷茫。

如果你想做一个普通人，那么就去做普通的人；如果你想成为更好的自己，那么就勇敢踏出第一步。拿着自己普通的条件去想着更好的未来，然后无法从普通的概念中挣脱出来，再一味强调自己的平凡，本身就是自我矛盾的论题。想做更好，就去做，别去想。如果只是永远停留在不甘心的情绪当中，那不如就放下那些高远，成全自己的现在。

我想，努力奋斗的意义，绝不仅仅限于赚钱，或者是博得社会的认同感，还包括了自我价值的体现，而最直接的，就是抚平了你的这份不甘心。总有一天，我们会明白，与自己相处是一件很不容易的事情。梦想和现实永远都是站在相互对峙却相互平衡的立场，最需要做出努力和改变的，唯有自己。

我和很多年轻人一样，漂泊在他乡，之所以能够接受这样的日子，说是为梦想，那只是最高的精神支柱，其实是心比天高，不甘心在狭窄的空间里度过一生。那些和我一样的年轻人，不过是为了给自己的内心一个答案，给往日的那份困顿情绪一个解脱。

努力的结果会带来什么我们不得而知，有时就是一次次的失败，有时就会渐渐地走向成功。失败的原因可能是努力的方向不对，但更有可能的是，你不知道自己努力的方向和目标是否正确。每个人都在路上，每个人看似终日朝九晚五，但你在这路上，只要不停下脚步，那么所谓的成功，就会在不远处等着你。

生活可怕就在这里。一个人如果安于现状，倒也罢了，怕的就是苦于内心的不甘心，却不愿意改变。到最后，现在的日子也过不好，未来也岌岌可危。不知如何去做，或者做到中途就因为种种借口回到了起点，那么生活就变成一种尴尬的处境，让你在不上不下之间烦恼，陷入自我的怀疑和否定。但这其实归根结底不是你的能力问题，而是心态问题。

心态的转变是改变自己的第一步，如果盲目地去跟风和实践，到最后只能活得很累。只有真正扭转了自己的意识，才会心甘情愿去做那些自己从未尝试的挑战。如果明明想要改变自己，但总是卡在幻想中无法自拔，明明自己付诸了努力却是被迫改变，那么生活就会告诉你，一切都是错误，需要重新再来。

而到了那时，你就会发现，被驾于空洞想法和残酷现实中间的自己，早已经没有了当年的心力。

不要去担心你的生活如何结束，也不要去害怕你的未来会是怎样的结局，你都还没有开始，怎么知道未来的自己是什么样子？

最好的生活状态，无非就是心怀着你的梦想，勇敢过自己的生活，哪怕最后过了拼搏奋斗的年龄，回归到了平淡的日常生活，也无所谓。没有实现梦想不可惜，没有达到自己的终极目标不遗憾，但你应该努力让自己问心无愧。因为只有这样，你才会在未来的日子里获得比社会认同感更加重要的东西，那就是你内心的踏实和无怨无悔。那是之后你在漫长人生道路上的财富，是你面对以后所有困难和阻隔的勇气和力量。

因为你知道，你曾经为了梦想而努力和做出行动，你就不怕再一次迎接生活的艰难，你就不会因为那些突如其来的困苦而措手不及。你明白，曾经的风风雨雨不会白白到来和离散，它一定会在你的人生里留下痕迹，成为你的盔甲，和你一起冲锋陷阵，勇往直前。

谁都不知道明天会发生什么，谁也不知道未来有什么在等着我们，如果只是想着可能出现的最坏打算而不准备开始，那么人生中可以成功的机会也会和你擦身而过。而当你看着旁人一点点发出的光芒，就会后悔曾经的停滞甚至退缩。

一个人，不怕将来后悔做过什么，而是怕后悔没做什么。

这个世界上与自我有关的事情，一是找到一条适合自己的道路，不用瞻前顾后，不必好高骛远，只是心里清楚自己想要的是什么；二是勇敢去做，如果想成为怎样的人，你就要去亲自经历，只有走出了脚下的每一步，才能看到下一刻你想要的风景；三是记得要坚持，好走的路上风景少，人少的路途困苦多，属于我们的终究有限，只有认定了它，勇敢去走去坚持，才能够度过前面漫漫的黑夜，收获微光的黎明。

相信自己，相信梦想，相信温暖，相信爱，相信所有的努力都会有回报，相信你的一切。

你要清楚，你的道路不是任何人可以替你打算和安排的；你要明白，你不是任何人的翻版，也不是别人的替代品。你只有真

生命中最难的阶段不是没有人懂你,
而是你不懂你自己。

正做自己,才能活得踏实和快乐;你也只有真正认清了自己,才会明白自己需要什么。

对待生命你不妨大胆冒险一点,因为好歹你要失去它。如果这世界上真有奇迹,那只是努力的另一个名字。

生命中最难的阶段不是没有人懂你,而是你不懂你自己。

梦想终究会靠岸

文·朱少军

"你的梦想是什么?"

"梦想是啥东西?多少钱一斤?能吃吗?"

如今,如果跟人聊起"梦想",想必很多人会这样打岔。说来奇怪,在这样一个充满着机遇的时代,很多人却越来越羞于谈论梦想。说到原因,有人这样辩解:不是没有梦想,而是现实太骨感,谈论梦想,有点奢侈。

很多人吐槽,知识并没有改变命运,大学生去卖猪肉、摊煎饼;社会的上升渠道被"二代"堵住,输在了起跑线上;很多来自农村的年轻人进城务工,却融不进城市,回不去故乡……梦想离他们似乎越来越远。

对梦想缺乏信念,常常让人困惑、迷茫,或者易于满足现状,在起点处原地踏步;或者对挫折缺乏承受力,稍受打击便一蹶不振。有人说,梦想是照亮前行之路的灯塔,是催人奋进的战鼓。诚然,如果没有梦想的指引,人就如一叶孤舟,在茫茫大海随风

> 人生就像漂流瓶，看似随波逐流，磕磕碰碰，但只要坚持，梦想终究会靠岸。

飘荡。

我的一个朋友，一直梦想着有一个属于自己的小店，过面朝大海、春暖花开的生活。大学毕业后她来到海南三亚发展。为了积攒资金，做过编辑、卖过盒饭，不惧苦与累，在到三亚的第五年，终于开起了一家温馨的小店。自己调咖啡，做手绘明信片，还专门设计了独特的漂流瓶，据说有很多人喜欢在海边写下心愿，装进漂流瓶，放飞梦想。

谈起自己的艰辛，朋友很是感慨，这些年过得并不容易，之所以能够坚持，用她的话说，"因为梦想一直都在"。她说，人生就像漂流瓶，看似随波逐流，磕磕碰碰，但只要坚持，梦想终究会靠岸。

看似简单的道理，却很少有人真正明白。人们把心愿装进漂流瓶，因为坚信瓶子终会靠岸；而面对现实时，却有很多人不敢放飞梦想，而选择随遇而安。

有梦想，才不会因走得太远而忘记为什么出发，人生的旅程才不至于寂寥。如果每天早晨都被梦想叫醒，哪还有时间颓废悲观？如果每天都离梦想更近一步，沧海桑田也只是转瞬之间。

犹记得汪国真的一句诗："既然选择了远方，便只顾风雨兼程。"有远方，就勇敢地迈出前进的步伐，不管风吹雨打，胜似闲庭信步。与其怪时运不济、命途多舛，不如迈步从头越，坚定地走自己的路，唯如此，才能实现心中的理想，抵达梦想的彼岸。

那些能从黑暗中穿行而过的人

文·艾力

健身房锻炼久了,会遇到各种有趣的朋友。不锻炼身体,随便走两步就去洗澡的大妈;运动时大喊大叫的肌肉男;特别注意形象,带浓妆健身的女生……没有见不到,只有想不到。

其中就有一位,他每次锻炼完之后立刻上秤,看自己当天锻炼的效果如何。他通常每次锻炼20分钟,称体重发现自己没减肥成功,就很痛苦,抱怨说,自己已经很努力地锻炼了,还是瘦不下来。接下来就自暴自弃地出去大吃一顿。第二天,又是短暂的锻炼、称体重,没效果,再去胡吃海塞。

这其实是浮躁的表现,常常想付出后立刻就得到回报,努力后就立刻要求获得成功。一旦得不到回报,就怨天尤人,自暴自弃。这些人总是错误地估量了成功背后的代价,总想找到成功的捷径、速成法则。

事实上,几乎每一个成功的人,都有一段沉默的努力时光,里面有艰辛的汗水,也有无数次失败时的泪水。很多人在黎明前一刻认输，只有那些能从黑暗中穿行而过的人，最后才获得真正的成功。

2011年，我决定留在北京发展时，也曾有过一段特别艰难的日子。可当时我所在的部门要求所有老师不能代课，只有坐班的工资，那点薪水对于一个北漂而言，真叫人生艰难。加上还要养妈妈和妹妹，就更加捉襟见肘，不免有"一文钱难倒英雄汉"的时候，以至于当合租的室友说要平摊电费时，我还非常生气。

虽然只是几十块钱的事儿，但我觉得自己天天早出晚归，有时在公司通宵工作，很少回家用电还让我平摊，太不公平了。那气愤之下流露出来的小气，背后所隐藏的痛苦，现在想来，其实都是源于经济上的拮据。

但经济的困顿也并没有让我变成为了生计一切向钱看的人。在困窘之中，我思考的是，要想在未来立于不败之地，我必须磨砺出一项真正属于自己的竞争力，让我因这个竞争力达到无可替代的程度。

当时我的英语水平不错，想到自己从小到大在演讲上还积攒了一些优势，就想把这二者结合起来，形成自己的核心竞争力。但是"怎么实现"是我面临的又一个问题，毕竟上课与演讲还是不同的，并且有很多的限制。

那段时间可谓冥思苦想，终于灵光一现，想起了自己很喜欢的一个脱口秀节目，主持人特喜欢用幽默的方式点评时事。如果把这些用英语课的形式来做，放在网上会有什么效果？

2011年11月，我第一次录制网络授课视频，录制的设备就是简单的DV，在家里支起一块白板就开始工作了。那一年，有个话题非常火爆，"普通青年、文艺青年和特二青年"。当时录制的想法就是告诉大家，这三个网络热词用英语怎么说。视频最后，我还用自己的照片来解释了普通的我、文艺的我、很二的我是什么样。

为了省钱省时间，我对着镜子给自己理发，没想到一剪刀下去就没了型，索性豁出去想再补一刀，结果却让发型更加难看。虽然发型怪异，身材微胖，我还是坚持录完了这期视频。

我想表达的观点是：普通青年、文艺青年和特二青年是人的三种不同状态，再牛的人也有二的时候，再二的人将来也可能有一天无比地牛，所以要学会尊重别人。

这一期节目网络点击量是5000，我根本无法想到短短两年后，我的视频点击量能超过5000万次。我当时说的那句话"一个二的人也能变成牛的人",没想到如今可以拿自己的例子去举例,坚持的确换来了可喜的结果。两年的时间,从5000到5000万,是一个不小的进步,但这数字的背后,也是一份等价的付出与艰辛。

为了让视频剪辑师不用花太多时间剪辑,我一般会自己先把视频提前讲很多遍,直到从头到尾没有口误,这样他就可以剪辑一刀过,不用浪费他的时间。这就意味着,我在没有提词器、没有提示板的情况下,每录制5分钟的课程,练习加上做PPT一共需要10小时的准备时间。

像我这样完全不要费用,只为录课程而录制的人,少之又少。直到现在都有人认为这是我们部门的项目,因为有课时费我才能坚持录下去。但其实,到目前为止我都没有因为这个节目直接拿到课时费。我做这个的目的很简单:录好了,大家愿意看,很开心;录不好,多录几次,不管怎样都是对自己能力的提升。

《红楼梦》里说,"世事洞明皆学问",任何事情都有学问可讲。学问能用中文去讲,也能用英文去讲,既然大家用中文讲过那么多,为什么不能用英文讲呢?所以,我的视频里有男同学喜欢的《玩游戏学英语》,也有女生感兴趣的《看韩剧学英语》。

> 一个人可以不成功,
> 但他不可以不成长。

后来,我继续不断探索、发展新的形式,比如邀请一些牛人来到我的节目中,讲一些他们可分享的经验,邀请一些看过节目的人参与视频录制,通过来节目里演讲,给自己一个锻炼口语的机会。这些探索,都收到了很好的效果。

如果当时我因为工作繁忙放弃了这个节目,如果当时的我因为没有任何报酬而放弃这个节目,我想,我就不是今天的我了。

任何人做一件事,不能只是为了眼前短期的利益而付出,一个人只有学会了不求短期利益回报,才有可能在长期成功的路上走得更远。对我来说,这是打开成功之门的钥匙,有了这把钥匙,我还会打开无数扇门。

人生的意义,如果仅在于成功,得到的快乐并不会多,因为成功就像烟火,只是一瞬间,更多的时候,夜空黑暗。一个人可以不成功,但他不可以不成长。总有比成功更重要的事。

孤独究竟教会了我什么

文·伊心

有一天,有个读者问我,你是如何忍受孤独的?我很惊讶,心想哪里是忍受,明明是享受啊。

这些年,我一个人做的事太多了。孤独的日常就是——一个人吃饭,一个人散步,一个人逛街,一个人旅行……朋友说,听起来有点凄凉哦。我说,从没感觉到凄凉啊。也许被动意义上的"孤独"会有些凄凉,可对于我来说,不是孤独选择了我,而是我主动选择了孤独。

读大学时,我很少在宿舍,大部分时间都在自习室里度过。大学自习室非常宽裕,我在一个座位上坐了三年之久。每天的时光都很安静,我在那里学了《新概念4》、考了研;失恋之后,我在那个座位上独自看了好多本书,就连读书笔记都做了厚厚的几本。

读研了,我大部分时间都仍然选择自己一个人。有时候我们全天从早到晚都有课,全班同学几乎12小时都在一起。每逢此时,我一定要在晚上最后一节课下课之后和舍友说："你们先回去吧，我要出去走走。"我也不会走到多远的地方，不过是沿着校园里的小路闲逛。可是我每天一定要有至少一小时的独处的时间。我无比享受那一小时，任由思绪天马行空，却不会放纵迷茫、困惑和胆怯这些负面情绪吞噬我。在那一个又一个小时里，不善于向外界求助的我，消化了多少贫乏和不安，也慢慢想通了未来要走的路，

就在这七年的孤独中，我从16岁长到了23岁，以每年平均150本的速度看掉了大约1000本书，还写完了第一本书。多少年后，那些好多人一起聚餐时喝的酒、说的话，我一点儿都不记得了。可那些一个人孤独攀爬、泅渡、像荒原上的羚羊一样飞快奔跑的时光，却一刻都没有走失，全蜕变成了青春纪念册上的字迹，那么沉厚，那么深刻。

这就是孤独教给我的事吧。它让我在最年轻的最躁动的时光里选择了一个最安静的角落。我远离喧嚣，却收获了对于青春而言更为宝贵的东西。没有什么比成长更重要，没有什么比一点点超越旧日里胆小的、脆弱的、无知的自己更重要。我就是在这7年的孤独里，纵行天地，用双手去打破命运，再用双手去创造一切。

工作之后，每一个上班的白天都很嘈杂。所以我简直付出一切，只为求得下班后一张安静的书桌。

今年1月，我一个人去泡温泉。露天温泉在近零下10摄氏度的室外热腾腾地冒着白气，我敷一张面膜，带去了我最喜欢喝的果汁，看完了一本小说。冬日的傍晚，远处的落日像裹了薄纱一样模糊，而我从未如此快乐又轻松地享受过年轻。

我也经常一个人去看电影。有时候去得晚了，整整一排都坐满了人，旁人看我的目光竟然都是惊讶，可这丝毫不影响我的观影体验。散场之后，我坐在漆黑的电影院里回味刚才一切意犹未尽的情绪，像刚捕到了猎物的猎人一样兴奋和满足。

在每一个"没有任何人在我身边"的时刻，我都享受这样的安宁和静谧，因为它让安静而略显深刻的思索成为可能。而对于每一个写作者来说，深刻的思索比什么都重要。

所以，这是孤独教会我的另外一件事儿吧——让我有机会沉入思考，力争不被表层和肤浅打败，竭尽全力去构建一个完整又不断深入的精神世界。

科技如此发达的今天，再想要安静的纯粹的孤独，其实已经变成了很难的事情。在微信此起彼伏的提示音中，在密密麻麻的

> 将所有无趣的时光变得妙趣横生的人,
> 才能真正接纳甚至重建生活本身。

手机 APP 里,孤独反而无处可寻了。于是我愈加相信,那些敢于孤独的人才会变得不一样。比如,我认识的一位写作者,她为了完成书稿,在一间无网络无电视的房间里过了三个月,手机的功能也只作为最基本的通话工具。

而我一直相信,在一个复杂的波涛汹涌的社会中,有越多勇于思考、不随波逐流的年轻人,这个社会就越有希望。读书、学习、反省、实践是通向理智的必由之路,一个一个更理智的人才能组成更理智的社会,才能诞生更崇高的自由。

回想漫长的青春岁月,是稀薄的可贵的孤独让我有机会成为不一样的自己。不得不承认,我是在一次又一次独自摸索和思考的旅程中变成了如今的自己。我们选择孤独,随后选择深刻。这不是我们在这个世间唯一的选择,却是我最想要的选择。

每当我想到孤独的时候,眼前总是一些优雅的人物形象。比如简·奥斯汀,她一生孤独,却从未失却写作的热情。我看凡·高的书信体自传《亲爱的提奥》,是他从 24 岁至 37 岁写给弟弟提奥的信。我向朋友推荐的时候说,这是关于一个年轻的艺术家如何克服孤独、贫苦和默默无闻的书。凡·高练习了几十遍《吃土豆的人》,他的言语中充斥着诸如"我的作品赚不了钱,我需要金钱,才能够进行创作,困难就在于此""哈维先生已经答应要买我的这几幅画作,到时候我就有生活的保障了"之类的话语。在这样的困顿和无望中,他更经常做的是自我鼓励——"虽然事与愿违,也必须重新鼓起勇气来,因为伟大的事业不是凭一下子的冲击而成功,而是由一系列的小事积聚起来的。""学会忍耐,不要自怜,这是唯一实际的事。"

你不得不承认,在最高的意义上,是孤独创造了我们。甚至,是孤独让我们区别于他人。而最深刻的层面上,我们在孤独时做的事情,决定了我们将会成为什么样的人。

作家宁远在她的书《远远的村庄》中说过一句话,我非常认同。她说:"无聊是非常有必要的,一个人在空白时间所做的事,决定了这个人和其他人根本的不同。"

所以,孤独时你都做些什么?给朋友打漫长的电话?看没完没了的电视剧和综艺节目?组织吃饭、唱歌、聚会?一刻不停地逃避孤独?还是一个人跑步、看书?策划一场远行?去陌生的街区走走逛逛?

本质上,我承认生活的无趣,但我更承认,勇敢、努力地克服掉无趣,将所有无趣的时光变得妙趣横生的人,才能真正接纳甚至重建生活本身。

我渴望孤独,甚至热爱孤独,因为我热爱一个人追逐自我的时刻。没有任何人自我实现的过程是在嘈杂的聚会上,自我实现需要审慎的思索、冷静的克制和枯燥的坚持。而这些,一定是一个人的时候完成的。

有人说:"无法享受孤独的人不配拥有孤独。"而我只想说:"无法享受孤独的人终将错过孤独。"

我知道你和我一样,一个人走过了很多夜半无人的街和风雨兼程的路。我知道你也一样,向往两个人的温暖和能够相互扶持的征程。但我更知道,我们比任何时候都需要正视孤独,并且珍爱所有一个人的时光。

所以,你愿意孤独吗?你敢于孤独吗?与其忍受孤独,不如热爱孤独吧。因为你最终收获的一切,将远远超过你的忍受和付出。

没那么难，
不信你试试

文 · 丫头的徐先生

几天前的冰雹，打碎了屋顶的一些瓦片。屋漏偏逢连夜雨，于是屋子里的住户就遭殃了。

住户是我的租客，房子我得负责，白纸黑字写得清楚。这事刻不容缓。于是，好不容易找到了工人，他磨磨蹭蹭地答应了，可是过了两天，还没动静。我问他，他说，腰扭伤了，动不了工。

我去了建材市场，抱歉，没有石棉瓦卖；找到工人，人家说材料他不管，你自个儿想办法，他只负责安装，600块，一分不少。我差点就答应了，省得麻烦。但我想再去问问。

后来，大街小巷地走，四处打听，终于买到了石棉瓦，顺便又找到另一个工人。我亲自上到6楼屋顶看了看，不像之前所说的那么难，只是坏了几块瓦，但是操作有些难度和危险。我说，我给你打下手，一起做，你开个价？那师傅报了一个价，我立马答应。包工包料，200块，省了很多钱。

> 我只是想说，先去做，
> 没你想象的那么难。

师傅背来瓦片，我跟着一起爬上屋顶，在中间的隔热层里，蜷缩着身体，将20斤重的瓦片慢慢挪移，轻轻掀开头顶的瓦片，腾出空间，小心翼翼地走在屋顶的横梁上，找到漏雨的地方，把新买的瓦片仔细搭好。安全第一，活儿做得很慢，十分钟便满头大汗，衣服全被弄脏。

差不多两小时，所有的工作结束。租客很感谢，倒了两大碗凉水，我与师傅咕咚地喝着，心里轻松踏实。

我从没想过会亲自上屋顶干这活儿。因为我没干过，脏、累、危险。可还是硬着头皮干了，也没觉得有想象的难。关键是租客满意了，压在心里的事解决了，也省了不少钱。

对未知的、麻烦的事，我总是想得到别人的帮助，花钱我也愿意。这是一种"趋利避害""避重就轻"的本能。比如我在电脑、电子产品上就是个白痴，设置路由器都恨不得找人上门服务。对体力活也是没有耐心，扛袋大米上楼，都想找人帮忙。我是个七尺男儿，怎么就不像个爷们儿？

有一次买了个电炉，人家送货到楼下，没搬运的师傅。我四处也没找到人，于是硬着头皮把100斤重的家伙搬上了6楼，大汗淋漓，但很有成就感。

还有一次搬家,搬家公司费用太高,我索性找了两个师傅,租了一个小货车,自己参与体力活。几小时弄完,省了好几百块钱。

有一次急着用电脑,路由器却出现了故障,我差点就跑去网吧了。后来,自己边打电话咨询边慢慢研究,居然弄成功了。

然后发现,其实好多事没那么难,而自己是完全可以做的,只是因为懒成了习惯。

我在琴行里做过吉他老师,经常有人来咨询吉他,先让我弹点曲子听听。听了后,兴趣盎然。后来,自己试试。哎呀,手指按在琴弦上太难了,算了,学钢琴吧。好吧,我的生意又泡汤了。

其实,每一样乐器都不容易,万事开头难,但坚持下来就好了,可是很多人却因为怕"难"而拒绝了开始。到今天为止,还有一些同学告诉我想学吉他,但是因为"难",迟迟没有行动。很多年前,他们就对我说过,如果早开始动手,现在已经会自弹自唱了。

也有朋友私信我,自己也想写文章,但总是难以下笔,怕写不好,有什么写作技巧没有?没有,先下笔吧。其实,除了上学时课堂上的作文,我也才正儿八经地写了一年,我成了一家网站的签约作者,也签了一本书。

我上的不是中文系,我只是想说,先去做,没你想象的那么难。

"我不会啊！"一脸无奈，渴求帮助的表情。这样的人，生活中并不少见。是让你研究宇宙飞船吗？是让你破解哥德巴赫猜想吗？都不是。

你可以把韩剧里错综复杂的人物关系理清楚，可以把麻将打得滚瓜烂熟，可以花一整天玩游戏不觉得疲惫。所以，你是个聪明而有耐性的人啊。只是，你懒，你怕。

从没有一个人会因为自己会的东西多而痛苦。而无能，大多时候是自己怕难而不敢尝试。

据说，人的大脑大部分未被开发，潜能无限。所以，我们为何要给"难"找那么多理由？没有人天生就会，但，我们有学习的能力和时间。约翰·列侬27岁才开始学钢琴，村上春树29岁才开始写作，所以，只要开始，一切都不晚。

"困难像弹簧，你弱它就强。"从小听到的一句话，长大后，方知深刻有理。

所以，别怕难，我学会上房顶盖瓦片了，你也可以学一样技能。因为，艺多不压身。因为，可以更从容地去面对生活。

迷茫时，
何不逼自己一把？

文·蒋波

H 是我的大学同学，我认识他是在期中的一次课堂展示上。通识课程枯燥无味，很多同学无非是为了获得 2 个学分，简单地翻阅资料应付考试。H 排在靠后的次序展示，但他的出场却让我耳目一新。震惊我的并不是炫酷耀眼的 PPT，而是他颇具创造性的观点和旁征博引的论据，可见 H 在课下是花了真功夫的。

那会儿，我的学习和生活一塌糊涂：早上睡到 10 点，中午匆匆叫个外卖，下午翘课睡觉，晚上熬夜联机打 DOTA，直到考前才会拖着疲惫的身体去课堂等着老师划重点……这并不是个例，颓废的气氛弥漫在整个宿舍，其实大家都很迷茫。没有老师和父母的谆谆嘱咐，谁来定义大学生活？谁知道哪些事情才是有意义的，可以直接左右以后人生的成败？谁又知道纷繁复杂、诱惑丛生的社会中，哪一条才是通向理想彼岸的正确道路？很长一段时间内，我都相信大学生活就该如此。

H 的出现，让我对自己的认识产生了怀疑，我开始留心 H 的生活。每天早上，他都是 6 点半雷打不动起床，在小树林背诵一小时英语后，便按时上课或泡图书馆。中午 H 会休息半小时，如果下午没课，H 总是习惯性地去打排球。半年后，他已经可以和体育系的学生一争高下。

　　每次考试，H 成绩都是名列前茅。但他绝不是传统意义上的"好学生"。他常常会因观点不同和老师激辩，有理有据，却没有半点情绪发泄。对了，H 组织的"一台都不能少"活动还成为"校园十佳"——每个月末，H 会带领社团的同学把从四面八方收集来的旧电脑维修、更新、清洁后，送到周边的民工子弟学校。

　　更让我惊奇的是，H 一上大学就实现了经济独立。除了每年都会拿到的奖学金，他周二和周四晚上会兼职做家教；还考下了导游证，寒暑假我们在家中吹空调时，他已经带领国外来的旅游团周游全国了。

　　H 的生活、学习、工作，一切都井井有条，充实而不凌乱。在我们每天还"醉生梦死"时，他已经将生活过成了诗。我曾问他，365 天的"档期"都排得满满的，累不累？

　　"一点都不累啊，我很享受这种生活。" H 的回答显然超出我的预料。原来，刚上大学那会儿，H如同大家一样，面对未来脑子中一片迷糊，他一度纠结得要去看心理医生。然而，他最终迈过了那道槛儿，"现在，每一天我都不敢懈怠，努力成为更好的自己。"那一刻，我才恍然大悟，原来"男神"也有鲜为人知的迷茫时光。

是啊，谁的青春不迷茫呢？20多岁的大学生，就像脱缰的野马在无垠的原野狂奔一样，谁知道哪个方向通往丰润的草场，哪个方向通往泥泞的沼泽？可是，当我们因为迷茫而作茧自缚时，有的人已经振翅高飞了；我们因为迷茫而浑浑噩噩时，有的人事业上已经蒸蒸日上了；我们因为迷茫在起跑线上裹足不前时，有的人已经积跬步成千里，胜利在望了。

记得两年前，楼下的房间租住一位姑娘，邻里关系处得如鱼得水；她喜欢将自己做的点心分享给大家，蛋挞、松饼、提拉米苏样样在行；下班早的时候，姑娘会去给对面邻居家的孩子辅导功课，作为感谢，邻居也会留她吃饭；一楼住着对老夫妻，生活中有诸多不便，自然也少不了姑娘的帮助，网上购物、手机聊天、医院挂号，这些生活琐事她都主动承揽。

那会儿我是刚刚毕业，北京巨大的生活压力常让我整夜整夜地失眠。"大家都很迷茫,你并不是唯一的。"姑娘极力安慰我。原来,她刚来北京时也一样无助,常常吃了上顿就不知下顿该怎么解决;每次发工资的时候,她又得精打细算一番,得留足富余偿还信用卡欠款;小姑娘还得和黑中介斗智斗勇,房子住着就得想着下个月往哪儿搬。

工作上的事,更是让姑娘烦恼透了。她在一家老国企上班,单位效益极差,可偏偏又被分在边缘部门。作为年轻人,这姑娘的工作被各种鸡零狗碎的杂事充塞得满满当当,端茶倒水、收发快递、整理材料、更新电脑。办公室里的大叔大妈们也很难相处,他们永远热衷的话题无非是哪家菜市场的鸡蛋降价了,微信转发的段子说常吃石榴能防癌,楼下部门的阿姨上个月离婚了……"那段时间特别迷茫,不知如何料理好以后的工作和生活。不敢想象自己10年后、20年后会成为什么样子的人。"每提及此,姑娘总是十分伤感。

"想改变现状,必须逼自己一把!"突然,姑娘眼睛中闪耀起光芒。姑娘开始逼迫自己在工作上精益求精,常常自愿加班、披星戴月。但无论多晚回家,她都要读一小时的书。她甚至报了班,利用周末时间充电学习法语和CFA,两年就考下了证书。姑娘的生活也逐渐丰富多彩，她要求自己每周必须学会一道新菜，练两次瑜伽。她强迫自己打开心扉，主动认识每一位邻居，"如果连自己的家门都走不出，还怎么去看看世界？"半年后，姑娘的才华被领导赏识，调到了销售岗，工资翻番。到年底，拿到了10万元奖金。

毕竟，青蛙总是被温水煮死的，不是吗？显然，这位姑娘在被"煮死"前成功跳了出来。心理学上有个"舒适区"理论，人们一旦打破原已熟悉、适应的心理模式，就会感到不安、焦虑，甚至恐惧，这个"舒适区"就是煮死青蛙的"温水"。想走出迷茫，必然会触痛你的心理防线，逼自己一把，及时跳出来，才能避免就此沉沦的厄运。而你的舒适区一旦被打破，它的范围就会再次扩展，原本你认为不可能的事情也会变得易如反掌。

迷茫并不可怕，可怕的是没有面对迷茫的勇气——不知未来如何就羞于前行，畏惧错误就裹足不前，以及害怕被排斥就盲目合群，成为自甘堕落的人。面对迷茫时，只有逼自己一把，才能走出窘境，看清未来。

相信我，迷茫不是你一辈子的避风港，咬紧牙关逼自己一把，即使万分无力，也要迎难而上；即使前路曲折，也要大步迈开；

即使心中怯懦，也要硬着头皮挺住；即使希望渺茫，也要永不言弃。当你坚持下来，会惊喜地发现，付出的一切都是值得的。想想当年你咿呀学语、蹒跚学步的时候，如果不是逼着自己张开嘴、迈开步，怎会知道这个世界五彩斑斓呢？

坚持一会儿，再坚持一会儿。因为在坚持的道路上，你可能最终没有成为你想要成为的人，但是你一定会成为更好的你自己！

当我决定勇敢面对那些困境的时候，我就知道，总会有一条路能带我走出去……

痛苦的回忆会成为明天的粮食,
使我们变得坚强。
人类拥有这种力量,
坚强地迈出步伐,
我也会坚定地继续前行。

《妖精的尾巴》

既然成长无法拒绝,当风雨来的时候,怕什么?迎上去就是!

幸亏那些艰难的日子你没有妥协

文·尚军

你呆呆地坐在写字桌前,望着窗外逐渐昏暗下来的天光,眼里有泪,却强忍着没让它掉下来。就在刚才,你查到了高考分数,离你想去的大学差着两千公里的距离。不满20岁的你,曾经意气风发、雄心壮志,觉得只要竭尽全力,梦想就会触手可及。我不忍那么早就透露给你现实的残酷,也没有说服你"再试一年"。毕竟,你要走哪条路,终究要自己做决定。

你并不情愿地进了那所普通的本科院校。你清楚地记得,到了学校门口,送你上学的爸爸还在问,"你真的打算在这儿上学吗?"你低头看了看脚下的路,刚刚下过雨,很是泥泞。你没有接话,拖着行李,继续往前走。原本乐观的你,开始变得沉默寡言,还有些自暴自弃。你觉得,人生只能如此庸常地过下去了,那就这样吧。

你的青春期充满叛逆,对什么都很挑剔;你的身上长满了刺,同学们见到你都退避三舍。那天,我看到你又跟室友起了冲突,他们热闹地聊着天，把你冷落在一旁。你一个人去了网吧，在那个虚拟的空间里，跟陌生的网友宣泄你的苦恼。很快，你又学会了逃课，拿着父母给的生活费四处旅行。你对自己说，混下去吧，找个工作总是不难的，谁不是这样呢？

那个中秋节，你回了家，离着学校有两小时车程的一座小城。汽车进站要通过一个丁字路口，前方一辆金杯车与一辆载煤的大货车险些相撞，两个司机都猛打方向盘，金杯车翻了，大货车也翻了，整车的煤将金杯车掩埋。你吓坏了，因为遇难者中，有两个跟你同龄的大学生。你第一次看到，生命的脆弱。明天和意外，不知道哪一个会先来。

收假那天，你要坐的那辆中巴车上，坐满了跟你一样要返校的学生。家长们里三层外三层把车围了起来，车挪得很慢很慢，直到送过丁字路口，家长们才慢慢散开。你在人群中，也看到了你的妈妈，两鬓有了霜华，脸上是不放心的神色。在那之前，她从来没有送你去过车站。你曾经以为，她或许对你也有些失望了吧。可是那一刻，你明白了，她的爱其实从未远离。

回到学校，你决定考研了。那是一个艰难的决定——已经大三了，你的英语四级还没过呢。你买回了厚厚的英语词典，发疯一样地记单词。有同学私底下打赌,像你这样的学生,怎么可能坚持一个月?你听到了,什么也没争辩。只是,早上起床的时间提前了,夜里躺下的时间推后了。我也心疼你,总是跟你说,"别太辛苦了,要劳逸结合。"可是,我也知道,你荒废得太久了,你想把时间抢回来。

几个月后,你真的过了四级;大三下学期,六级也过了。在所有人诧异的目光中,你继续看你的书。父母出钱,给你在学校附近租了个床位,为了省钱,你跟同学挤在一个通铺上。只是因为,出租屋晚上不会熄灯。你觉得,只要保持这样的节奏,你的考研之路应该也会顺利吧。但是分数出来,还是差了一点。你默默地收起成绩单,开始找工作。终于,在一个没有人的夜晚,你放声大哭,说对不起父母的付出。我也忍不住,陪你一起哭了。

毕业后,你租了个房子,白天上班,晚上复习,每天只睡四五个小时,身体很快就吃不消了。有一天,你从公司出来,换乘公交的时候,感觉都快站不稳了。你给一个朋友发短信说,去他的考研,你要放弃了。朋友急匆匆赶来,给你熬了一锅小米粥。你躺在沙发上,听她让你听的歌,"最想要去的地方,怎么能在半路就返航……"

第二年，你考上了，是你一直心心念念的那所大学的研究生。从小地方第一次去到那么大的城市，你的心里充满了惶恐和自卑。其他同学好像个个都多才多艺，唯独你什么也不会。他们教你打网球，你却连拍子都握不好。你常常想家，觉得生活并没有因为梦想的实现就灿烂起来。

有一天，你的心情差到了极点，你茫然地走在马路上，差点被车撞到。幸亏一个朋友看到了，他搂着你的肩，把你送过马路。他陪你聊了整整一晚，他说，心情再糟糕也要好好走路，好好吃饭，好好睡觉。你第一次发现，这座陌生的城市，原来也充溢着人情的温暖。

你研究生毕业了，留在了这座很多人向往的大城市。我想向你表示祝贺，可是，我看到你依然愁眉紧锁。刚开始工作，你住在地下室，房间里满是发霉的味道，长长的走廊幽暗得像没有尽头。每天早起挤地铁，晚上又拖着疲惫的身体回来。夜里躺在床上，你常常问自己，什么时候才能住上睁眼就能看见星星月亮的房间？有好多个时刻，我都感觉，你就要撑不下去了。

那天，上司突然把你叫到他的办公室。他问："为什么每次给你临时安排任务，你都不抱怨，总是微笑着答应下来？"你自己也纳闷了，你总是微笑着的吗？你怎么可能没有忧伤的时候？头一天晚上，你不还在为第二天的工作任务发愁吗？那天下午，公司开会，你的职务晋升了。上司在会上说，他欣赏你这种乐观积极的态度，面对难题，百折不回。

其实，上司并不完全了解你。你还是像当年高考失利一样，遇到困难会有眼泪；压力一大，就会想家；脾气也不怎么好，还是各种挑剔；你的朋友不多，仍然喜欢独来独往；但又会害怕孤独，总在有人陪你吃饭的时候才觉得没有被这个世界抛弃。

可是，你似乎又跟当年不一样了。

已经快30岁的你明白了，会微笑的人，运气总不会太差；你明白了，并不会有一条路，叫走投无路；你明白了，人生会有许多选择，即使暂时没有出现你想要的，也别轻易放弃；你明白了，总有一些人，是你辜负不起的情深；你更明白了，所有那些艰难的日子，一定不会让你白白煎熬……

而我，也终于有勇气站到你的面前，跟你说声"谢谢！"是你在最蹉跎的低谷也不曾放弃，才给了我不断向上走的力量；是你始终怀揣着爱和希望，才让我收获了那些像亲人一样的挚交；是你从未停止对梦想的追逐，才真的等到了实现的那一天；是你善待每一份经历,不管顺遂还是坎坷,才让我的生命厚度一直累加。

谢谢你,你就是十年来,那个从不曾妥协的我自己。

因为你,才有今天的我。

只想告诉你，
我为什么要拼

文 · 少女喵

1

毕业第二年，我离开生活多年的小镇，只身一人来到陌生城市。我想，当我们真正脱离父母的庇佑时，才明白那些曾经的美好，不过是他们在替你负重前行。而独立的生活，靠自己是有多艰难。

几乎是同一时间，所有的房租、水电，包括你的肚子都向你伸出双手，可你只能一人承受。一份工资，对你来说何其重要，你靠它有地儿可住，有饭可吃。所以你情愿加班加点，拼了命地干，不过是想累积经验，得到认可。

很多人不愿离开父母身边，大概是害怕承担这份自我买单的责任。可是，真正的成长，是需要独自去历练的，既然选择了，就要坚定地走下去，只有这样才会收获更多。

2

因为工作拼命,身边渐渐有朋友对我说:"你也太拼了,凌晨一两点睡觉,早上六七点就起来,还要命吗?"也有人说:"一个女孩子,不要那么拼,干事业是男人的事。"好像所有的人都在质疑你,女孩子那么拼干吗?值得吗?

只有你一个人,在漆黑的夜里,用低到自己都心碎的声音,说一句:值得。所以,我想告诉你,我为什么要拼。

3

我很普通,就像这个世界上千千万万普通家庭的孩子一样。念初中时,父母因为工厂改制,双双下岗,一下子就断了经济来源。那段时间,我爸天天抽烟,心里急躁。我妈催促他找个工作,自己也起早贪黑,做起小摊生意。

可我爸妈大概是做不成商人的。我妈的铺子因为经营不善,草草收场。那时,我每个月生活费两百,面对很多喜欢的东西,望而却步。校园里,大家虽然都穿着校服,却还是攀比着鞋子、包包，这些闪亮的 LOGO 无时无刻不在刺伤我的双眼。

我买不起这些远超过我生活费的物品。父母已经在艰难地筹集我的学费，我没脸去要。我自卑，甚至不敢跟别人正眼相对。也是从那一刻起，我决心要努力，不光是为了以后能有购买力，更多的是，要改变家境。

在那段跨越几近十年的艰难岁月里，我妈没买过一件新衣裳，我爸永远抽着廉价的香烟。可即使是这样，还是把仅剩的一切都给我了。我爸曾说，砸锅卖铁，也要让你读书读好。时至今日，想起来，这样简单的话还是无比痛心。

穷人家的孩子早当家，是岁月催促我觉醒与成长。所以，我要拼。

4

后来，让你失望了，并没有惊喜，我家条件依然糟糕。那一年，我上大学。也是同一时间，我爸的好友给他介绍了一份工作，离乡背井，他也去了。

生活有时候喜欢跟你开玩笑，我爸曾说，如果没有这份工作，我大学的学费他都急红了眼。

放暑假，我第一次找爸爸，那天，我们一起吃饭。我爸像是莫名有种负罪感地说："孩子，我对不起你。我没能力，知道你喜欢画画，却在你最重要的成长年岁里，无力负担和培养，也给不了除了吃以外的其他物品，甚至连吃，都是那么拮据……"

不知道怎么了，我就落泪了，眼泪流到嘴角，咸涩不堪。我说："爸，都过去了，我怎么能怪你。"那一顿饭，我吃到心痛。

而后来，我想起那些在现实面前折翼的梦想，想起看到小侄女想画画去报班，想学琴去买钢琴，她嘟囔着嘴说"我不想那么累，我想玩"的时候，我的心只是涌入无边的落寞。

那一刻我才明白，家庭和出身我们从来不能选择，父母已经在尽全力让我们衣食无忧了。但我们长大了，还能选择自己的人生，靠自己去勇敢拼搏啊。"成不了富二代，就成为富一代吧。"我总是给自己打鸡血。

5

家里改观之后，我的大学生活也好了一些。那时候，我们宿舍六个人，其中一个家境殷实，而我跟Z处得好。有一次，我俩吃完饭,散步到湖边。Z低着头,看着平静的湖水,长时间的沉默,就像跨越了一个世纪,说:"你知道吗,我有多羡慕她,就有多恨现在的自己。"

"她啊,从来不用用功学习,不用担心手头的钱,穿着都是我叫不出名字的奢侈品牌,提着我孤陋寡闻的高档包包,她每天只要睡睡觉,看看剧,化个妆,开心出去约会就好。我呢,要毕业了,努力投简历,焦头烂额跑面试。"

"她啊,踩着两万一双的皮鞋,我只穿三十块的布鞋,她轻言浅笑,我却用借来的西装故作镇定地对着HR逞强。"Z转过头,说了句我心疼了好久的话:"我们什么都没有,有的就只剩自己了。"

那一天,我看着向来骄傲的Z啜泣着流泪,一边哭一边笑。"我不是比谁惨啊,我只是相信我一定可以靠自己拥有想要的未来。我,一定可以的。"不知道该安慰还是心疼,我只是用力地抱抱她。

我也一样,我也要拼。

6

所以,我想告诉你,我为什么拼啊?

> 爱拼才会赢，噙着眼泪笑，总比悔恨痛哭好。一个人一生就一次，总要拼点什么让自己不至于活得那么平庸。

为自己，既然想要遇见更好的自己，就要靠拼搏和勇敢去创造可能的未来。我们工作，不仅是为了那付出精力和时间得到的工资，更是收获在这个过程中的成长，拥有属于自己的成就感以及来自社会的信任和肯定。

为父母，我很穷，但我没有贫穷的思维。读书是我唯一可以抓住的藤蔓，而事实上，通过读书，我学会了很多道理，因为更加懂得自己的需要，所以能更好地选择人生。我要对父母负责，成为一个小棉袄，更是一个发热的小太阳。

为孩子，面对喜爱之物，能够有所选择。我见过吃一碗牛肉面因为肉少了而跟老板争吵的女孩，她的贫穷让她无力反驳。这让我想到曾经年少受过的不甘，不希望自己的孩子去面对他所爱之物必割舍、所想之事必抛弃的无奈。我不愿让他再走我走过的道路，也不愿看到他噙着泪花在汹涌的人潮中几近崩坍的脸庞。所以，我要拼，创造条件，为了让他能够拥有选择的权利。

为社会，做一个新时代的女性，完成一次人生的逆袭。激发自己的潜力，为这个社会的发展贡献力量。女性，不再是"弱势群体"，我不要变成一个年纪轻轻就亲手"杀死"自己的人。

7

这就是我想告诉你的，我这么拼的全部理由。

爱拼才会赢，噙着眼泪笑，总比悔恨痛哭好。一个人一生就一次，总要拼点什么让自己不至于活得那么平庸。你说呢？

我相信，每一个努力的人都值得被大声赞扬。

留着所有力气变美好

文 · 孙晴悦

前两天,偶然看到一个林志玲的演讲,印象深刻极了。她谈及好几年前的那次摔马事件,肋骨骨折。她说,从医院醒来的那一刻,医生告诉她,肋骨骨折,会非常痛。她只问了医生一个问题。

"会好吗?"

医生说:"会!"

从那以后,她没有再喊过一声痛,没有再掉过一滴泪,她要把所有的力气留着让身体复原。

我有一点顿悟,有一些启发。在这个世界上,时间匆匆,春光有限,我们每一个人的精力更是有限。这个世界上最公平的是,每一个人每天都只有24小时,而这个世界上最残酷的法则叫作等价交换。我们想要的所有的东西,都是我们付出时间和心力换来的。那么,我们是否又浪费了太多时间和力气在那些无谓的事情上,比如抱怨,比如哭泣,比如浪费时间觉得这个世界不公平?

因为这一切都没有用。它们只是在不断地消耗着我们,除了让我们陷入顾影自怜的失望中以外,并没有什么用。

想起了之前在里约热内卢的贫民窟里,遇到的一个踢足球的少年。他叫卢卡斯。清晨七点钟去贫民窟的时候,他已经在只有八分之一足球场那么大的一块空地上,和一群光着脚丫的少年在一起踢足球。和我同去的警察对我说:"你没有办法想象他们有多想成为足球运动员,他们没日没夜地在这里踢球,除了吃饭和打零工赚钱养活自己的时间,他们都在踢球。"

"这里会出下一个罗纳尔多吗?"我看着这些兴奋得奔跑着叫喊着的孩子,看痴了。空地外凌乱地放着他们的人字拖,每一双都已经黑旧得看不出人字拖原本的颜色和花样。我在想,罗纳尔多曾经对媒体说,他们都光脚踢球,看来这是真的。小罗纳尔多曾经也对记者说,童年什么都没有,只有足球,看来这也是真的。

这些穿着破烂不堪背心裤衩的孩子,有的甚至光着膀子,他们轻盈地带球,眼花缭乱地过人,用力射门,在这些时刻,好像贫民窟的贫穷和危险对于他们来说是不存在的,周遭所有的肮脏破败、现实的饥饿和潦倒对于他们来说也是不存在的。他们踢球的样子在灰色的贫民窟里闪闪发光。而我的手表,指针指在7点半。

其实那一刻，我想起了大学时代的自己。如果上午头两节没有课，那么七点半应该还没有起床。但是等到要背课文，等到要考试，等到听不懂那些葡语听力课的时候，我首先说的却是，我没有时间，哪里来得及学这么多课文，记那么多单词。甚至开始抱怨，为什么这大学四年上得比高中还累，大学不应该是只有很少的课，可以有大把的时间玩耍才对吗？

然而，现在想来，这些抱怨，除了带来自我消耗以外，到底得到了什么呢。单词依然没有记住，听力课也依然是一知半解。而自我消耗的负面影响不仅仅在抱怨的那个当下，我们浪费了时间，它会影响到你的精神，影响到后来更多的时间。

The City of God，那个贫民窟被叫作上帝之城。看电影《上帝之城》的时候，我没有想过有一天我居然真的会来到这里，会走进这个被称作里约最危险贫民窟的地方。《上帝之城》充满了人性的堕落和无尽的暴力，让人感到恐惧。我没有想到的是，看过电影的很多年以后，我终于走进上帝之城的时候，在灰白的砖墙，肮脏的街道，土黄色的泥地，所有用灰色、土黄色、暗褐色、深黑色组成的上帝之城里，看到的居然是一群闪闪发光、拥有金灿灿笑容的少年们。

警察叫来那个叫卢卡斯的少年和我们聊了一会儿天。他说他十点要去修车店帮人洗车赚一点钱,不去洗车就没有饭吃。

卢卡斯一本正经地和我们从技术角度分析着他踢球存在的各种各样的问题,贫民窟里任何一个热爱足球的孩子讲起足球来都是一套一套,丝毫不逊于任何一名足球解说员和评论员。他们谈论着自己的优点缺点和需要改进的问题。

当然也谈论着他们的偶像们。卢卡斯眉飞色舞地说着他的偶像内马尔,他说内马尔小时候就和我们一样,他也没钱,但是你看,他的技术多好,他踢得多棒。

卢卡斯每天到了十点就要去洗车赚钱,但他并没有沮丧。他说这是现实生活,总要活下去。我说所以你并没有很多时间来踢球,卢卡斯很不以为然,反驳我,可是只要早起就可以去踢球。

"正因为,我还要打工赚钱,我更要把除此之外所有的时间和力气都用来踢球,抱怨贫穷,抱怨生活,那根本就没有用。"

卢卡斯无比坚定地相信这个已经掉了皮的、棉絮都要飞出来的足球会带他去他想要去的地方。而他,要留着所有的力气踢球,只有这样,"那一天才一定会到来"。

一寸光阴一寸金。很喜欢这样一句话:"记住那关于光阴的教训,回头走,天已暗,你献出了十寸时和分,可有换到十寸金。"

如果我们献出的十寸时和分,都只是在消耗自己的力气和精神,那么我们又拿什么去换那十寸金?我们都是这个星球里小小的人儿,小人儿本来就不起眼,更不能再自我消耗。我们要留着所有的力气,用来让自己变美好。

你总抱怨得不到，
其实也没多想要

文 · 陶瓷兔子

当年做实习记者时，曾经采访过一位创业成功、名利双收的师兄。

采访比想象中要顺利，原本预约了两小时的采访，时间到了之后他主动说："你们要是不着急，就再留一会儿，等我开一个会，然后一起去吃个晚饭？好久没听到学校的事了，感觉自己一下子又年轻了几岁。"

我们欣然应允。他离开之后，我和前辈在会客室里一边等着，一边整理采访稿。前辈一拍脑门，问我："你有没有觉得这个报道缺点儿什么？"

"人家都'知无不言，言无不尽'了，还缺什么？"

"他逆袭的故事啊，成功的心路历程、奋斗史、得到的和放弃的，有关他个人的一切，鸡汤的、狗血的都行。"

前辈挂着一丝坏笑看我："这个部分就交给你了，今晚吃完饭回去整理好给我，在线等。"

晚饭茶过三巡，我鼓起勇气问出前辈教我的问题："你这一路走来，有什么背后的故事可以分享的吗？"

他挑挑眉："你们这些孩子，就是故事听得太多，以为照着别人的故事给自己打打鸡血就能成功了？"我语塞，倒是他看出我的尴尬，补充一句："不过，我倒是不介意讲给你听。"

刚毕业的时候他进了一家小私企，虽然职位低工资少，但好歹图个安稳。谁知道刚满一年，公司就因为收购失败导致现金流短缺，员工每个月能领到的，是只有平时三分之一的工资以及一张签着老板名字的白条。

他是在连续领了五个月白条的时候决定辞职的。父母、亲戚、朋友，所有人都在反对。他们告诉他，忍一忍就过去了，要是现在离职，欠的钱可都打水漂了。

让他下决心的，是一个普通的午后。

他女友工作的地方离家近，为了省钱，每天中午都会回家做饭，并给他送上一份。从不重样的两荤一素，在他的薪水陡然少了大半之后，依然没有任何变化。

他在她营造的温柔错觉里，也曾一度以为自己还能撑得起一个家,直到他有天忘了东西回去取,才发现她做给他吃的菜,就真的只有那么一点点。菜汤和残渣还剩在巴掌大的小盘子里,而她正拿着馒头蘸着那些汤汁吃,吃得很香。

"就是那种当时一块钱四个的白馒头,而她每顿给我送的都是米饭。"他说。隔着氤氲的咖啡香气,看不到他眼圈的微红,却能听得出声音中的一丝哽咽。

"我从来没有觉得自己那么失败过,看到别人开着豪车,没有这样觉得;看着别人洋房别墅一掷千金,我也没这么觉得。只有那一刻。"他正是在那一天,决定要自己创业的。

没想过有一天能做到盈利百万,只想让她过上能好好吃一顿晚饭的生活。

没有启动资本,就舰着脸拿着商业计划书去找好友、亲戚、同学借钱,被一次又一次质疑、拒绝,甚至辱骂。没有员工,他一个人做着一个公司的活儿,每天只睡三小时,靠着楼下商场的免费咖啡提神,厚着脸皮应对服务员惊异又鄙视的眼神。

"当年我拿着这么大一个水壶去接咖啡,做贼似的,连我自己都鄙视我自己。"他比画了一个军用水壶的形状,苦笑一声。

"我从来都不讲自己的成功故事,倒不是因为见不得人,而

> 浮于表面的欲望和扎根在心中的渴望，
> 所激发的力量真的是不一样的。

是因为听故事的所有人都不是我。"他这样说，"光谈成功的光鲜时刻，自然是人人想要，可很少有人真的舍得让自己付出相应的代价。太多的人嫌苦、嫌累、嫌创业的初期看人脸色、巴结奉承、丢人现眼，但是对于真正急切地想要出人头地的人来说，这点事根本就算不上什么困难。"

我们想要成功，想要博学，想要被喜欢，我们想要有很多的爱和很多的钱。至少，我们以为自己是渴望的。可是，我们却常常懒得为自己的渴望付出一丝一毫。我们讨厌屈就，也讨厌枯燥，讨厌虚与委蛇，讨厌示弱，讨厌加班，也讨厌重复。

所以，有些东西我们永远也得不到，而越得不到的东西越难以放下，竟逐渐变成一种执念。我们为它取了个好听的名字，叫作梦想。

梦想这东西，本来就是有可能实现不了的啊。我们这样安慰自己，所以不尽力的话，也没关系的吧。

那些说着"今天已经健身两小时了，吃块蛋糕安抚一下自己吧"的人，总是为自己丝毫没有下降的体重痛心疾首。

那些说"今天加班好累，就不看书了吧"的人，每到年终也总会为自己差了一大截的阅读计划懊丧不已。

那些说"本来应该做三个备选方案的，但是最近太忙了"的人，在年终常常会为得不到加薪升职而愤愤不平。

我曾经很想不通,为什么克服有些困难对一些人来说易如反掌,对另外一些人却重于泰山。后来慢慢明白,浮于表面的欲望和扎根在心中的渴望,所激发的力量真的是不一样的。

一个人无法管住自己的嘴,无法控制自己的腿,无法左右自己的心,并不是因为德行有亏或是智商有缺,而是因为那个你以为自己渴望着的东西,其实根本就没那么想要罢了。

教条没用,鸡血也无法长久。只有"喜欢"和"需求",才是生活最好的老师。

面对自己既不喜欢又不需要的事,是很难尽全力争取的。那努力只流于表面,像是跟生活的一场赌气;那坚持只浅尝辄止,像是对这无聊节奏的挑衅。

决定做一件事情前,咬牙坚持着把自己弄得辛苦又狼狈之前,不妨先问问自己吧:对于这件事,我到底是喜欢还是需要呢?喜欢到什么程度?又是生活中怎样的必要?我愿意为它放弃什么,又想通过它争取什么?

欲戴皇冠,必承其重。生活比我们意想之外的公平,你愿意为它付出多大的代价,才有资格期冀多少回报。

身处低谷，
怎么走都是向上

文·荼蘼

我的部门主管是一个特别乐观的人，可是让人奇怪的是，她常挂在嘴边的口头禅不是"加油，你会很棒"这类的话，而是一句自问自答："还有什么比现在更糟糕的吗？没有。"

如果你认为她是个消极的人，并因此而变得消沉，那么你很快就能领略到什么叫作河东狮吼。因为她的画外音，并不是消极地告诉我们，现在太糟糕了，我也无能为力了，而是在说："现在已经是最糟糕的情况了，所以你们不管做什么都伤害不到我，也伤害不到公司了，你们就尽情去做吧，那样才有翻盘的可能！"

或者每次都怀着这样的心情，所以哪怕真的进入绝境，我们也并不是真的绝望，而是在困难时有敢于尝试的勇气。这种"死马当成活马医"的乐观主义精神，最后让我们部门成了公司盈利最多的部门。

人们常说，如果你还没有长大，那么你一定没有经历痛彻心扉的磨难。只有人生到了谷底，才会拼命想要向上爬，在这个过程中，你会不断地锻炼自己，积蓄能量，完成一次凤凰涅槃。

公司新来的同事兰，个子高挑，样貌姣好，原本以为这样的女子会是家里的娇娇女，必是不大好相处的。没想到兰的性格超好，笑的时候还会露出两个浅浅的梨涡，关键是她不仅性格讨喜，工作起来也是样样精通，让我们这些早就进入公司的前辈，在她面前也十分汗颜。

后来，一次偶然的机会知晓了她的故事，我才知道这个女孩原来是涅槃之后的凤凰。

在 18 岁之前，兰的家境确实不错，父母在当地开了一家水果连锁店，生意兴隆，衣食无忧，兰也过着富二代的奢侈生活。

18 岁那年，父亲在一次送货的途中发生了意外，猝然离世。家里的顶梁柱塌了，水果连锁店也关了门，本以为可以靠家里的积蓄撑一段时间，母亲又因为伤心过度得了病，把积蓄消耗殆尽。身为长女的兰不得不放弃了大一的学业，出来工作。

她独自一人来到了北京，刚到北京的时候，她觉得自己虽然算不上是个大学生，但好歹也读过高中，找一个销售的工作应该没有问题。然而事实却让她大受打击，北京到处都是高学历有经验的人，青涩的她，在偌大的北京想要立稳脚跟谈何容易。在找了半个月工作无果之后，兰失去了刚来北京时挑三拣四的心，在朋友的介绍下成了一家饭店的服务员。

她当时在后厨帮忙，夏天的后厨简直就是蒸笼，每天泡在"蒸笼"里的兰也成了水煮鸭，身上总是湿漉漉的。从早上五点到下午六点，不停地端菜、拖地，有时还要早起负责工作人员的早餐，一天下来连说话的力气都没有了。

兰也常常想要放弃，但是自己既没有文化又没有技术，想要跳槽几乎是不可能的，于是就这样干了下去。

她就这样屈服了吗？当然，不。

她还报考了一些培训班，她把自己的时间填得满满当当，周一到周三学习日语，周三到周五学习计算机，周六日，她会跑到培训中心学习自考课程。当然，课程学完了，她便会报考其他的课程，总之她一直在忙。

就这样，在三年的时间里，她学会了日语、法语、韩语三种小语种，能够熟练使用计算机，成功完成了自考专科的学习，并正在学习北京大学的自考课程，她的工作也由饭店的服务员变成了图书公司的编辑。在低谷的三年，她学习的东西，比大学要学习的东西多得多,那些急速生长的迫切感是人生低谷给予她的。

每个人都有一段不堪回首的时期,看上去毫无希望,并可能继续沉沦下去。在这个时候,如果你放弃挣扎,就开始了一段自欺欺人的旅程。

如果没有因为不安而选择妥协,而是继续怀着焦躁的情绪,开始尝试迈步,拍拍自己身上的灰,顶着青黑的眼圈,浮肿的脸庞,用粗糙的手指叩响前方的门,那么你会迎来另一个阶段。

比逆袭人生更励志的，是失意不变形

文 · 菀彼青青

相信大多数人都与我一样，曾经在书里或者朋友圈热文里读到过很多关于绝地反击、困境逆袭的人生励志文字。

比如，中年女子遭遇老公出轨，于是忍辱负重策划了一场自我成长的人生大戏，只待有朝一日脱下围裙惊艳出场，然后面露微笑拍下一纸离婚协议书绝尘而去。

比如，办公室小白屡遭同事孤立、领导欺压，于是触电一般唤醒了身体内所有的奋斗细胞学习充电苦练内功，终于在某一天成功逆袭，成为新一代青年完美标杆。

再比如，180斤的胖女孩做了多年备胎之后终于被男神偶尔正眼看了一次，却仍敌不过女神无意间的回眸一笑，于是她决意置之死地而后生，终于在某一日扭着小蛮腰袅袅归来，在男神惊愕错乱的表情里，轻启朱唇丢下一句："对不起，我已经不再爱你了。"

这些故事，听起来励志又激烈，令失意者瞬间能够自动完成角色代入，仿佛自己也不知不觉生长出了主角光环，随着明天一起到来的是奔涌不息的激情和磅礴旺盛的希望。

可是第二天，当你睁开眼的那一刻，你会发现原来生活仍是那样，银行卡的数字并没有增长，办公室的气氛还是那样诡异，你爱的人，无论如何，就是不爱你。

不管你前一晚多么激情澎湃斗志昂扬，当太阳再次升起，一切恢复原样，你依旧变不成那个光芒四射的超人。

这个世界有一种定律叫帕列托法则，俗称二八定律。此种定律曾经被广泛应用在职场、成功学等各个领域，而我相信，在生活这个大道场，二八定律也会一直存在。就比如，你读遍了世间那百分之二十的勇士们成功逆袭的所有故事，你却仍有百分之八十的概率在过着灰头土脸的糟心生活。

事实很残酷，很多时候我们必须承认自己的普通，承认自己的平凡，承认自己的人生十有八九不如意。

故事永远只是故事，在我们的世界里，只有自己是主角。那些真真假假的逆袭故事，能暖你一夜的心，却暖不了此生际遇。

所以，我从不轻易相信逆袭，也不认为自己真的有那种翻天覆地的能力。当遭遇坎坷时，我相信，自己能给予自己最大的

> 保持失意不变形要比逆袭人生，来得更加实在，更加靠谱，更加贴近人间烟火。

保护就是保持自我不变形。

人们都说生命最大的美德不过是得意时不忘形，失意时不变形，而这二者，又以得意不忘形最为难能可贵。但我有不同的看法，我觉得，于大多数人而言，失意不变形才最为不易，因为，我们的生活向来充满寥落无奈的失意，却从来鲜少意气风发的得意。

人的一生十有八九不如意，放眼望去，我们身边的人貌似都有苦衷。有的人疾病缠身无钱可医，有的人家庭残缺无枝可依，有的人多年职场收获无几，有的人情场坎坷婚姻不易。

但你曾细心观察过大家都是如何面对生活的吗？正在经历烦恼苦痛的人们每天都在愁眉苦脸吗？答案是否定的。

你会看到，虽然艰难，虽然困苦，但大多数人都在以微笑来面对，这笑容是强装的也好，发自内心的也罢，每个人都在尽力地做好自己。即便他们没有通天之力去改变困境，但他们依旧善良，依旧愿意去体谅。

对于每一个普通人而言，保持失意不变形要比逆袭人生，来得更加实在，更加靠谱，更加贴近人间烟火。

多年前有一位同学，年少辍学外出打工，好不容易攒了一些积蓄娶得佳人归。岂料新婚不过半月，新娘便携家财借故进城逛街而一去不返,连其父母都消失得无影无踪。同学是憨厚老实的男子,外出寻觅数月,终是灰头土脸没有任何结果。

可生活还是要继续,再多的坎坷也要活下去。朴实的人自有一套简单的生活哲学。同学借钱买了辆二手面包车,开始在当地拉出租,每日往返在几十里山路上,尽心尽力挣钱养家。客人不多时,他便开车带着父母去山外散心,日子虽然平淡如水,但也渐渐变得有了欢笑。

他是最普通不过的农村小伙,文化不高见识有限,在遭遇磨难时没有足够的能力去逆袭人生,也不懂得怎样才能华丽转身。他能做的最好的选择,就是继续善良继续孝顺,继续挣钱养家继续好好生活。

不是每个失意的人都能在困境里猛然有了对抗生活的洪荒之力,那样的传奇只存在于小说中电影里,即便有成功逆袭的榜样,也只是属于那人生的百分之二十。对于平凡的我们,没什么能比失意不变形更加珍贵了。

不要以为失意时保持自我很容易,在我们身边遭遇坎坷便一蹶不振破罐子破摔的大有人在。

在同学遭遇骗婚新娘之后,当地也曾出现过相似的桥段,但不幸的是,同样的桥段却没有同样的结局,另外一个故事中的小

> 我们虽然只是普通人，
> 却又都有着不普通的故事。

伙被骗尽家财，不久便心生戾气，因为偷电缆而锒铛入狱，高墙外年迈的父母从此余生更加凄凉。

孔子在《论语·宪问》里有言，"贫而无怨难，富而无骄易"，抛开穷富的角度，我愿意引申为在人生艰难的时刻能够保持清醒保持自我而不怨天尤人很困难，而在顺遂的时候不心生轻浮得意却很容易。毕竟当一个人的起点高了，事事如意顺遂，便更愿意去宽容更容易做到豁达。

可如果你每天睁开眼便是各种心窄纠结、各种艰难苦恨，却还能够与人为善，微笑着进入到生活的一餐一饭一花一木里，该是有着多么朴实的心性和强大的克制力才能够做到的境界呢。

我们虽然只是普通人，却又都有着不普通的故事。而与那些不知真假的人生逆袭和华丽转身相比，我们的守拙和保持自我，才是最不凡最高级的励志。

总有一天，这个世界会因为我们的不变形而收获几分珍贵。也总有一天，我们会骄傲地说，虽然并没有太多机会去尝试得意时自己到底会不会忘形，但至少，失意时，我们没有变。

世界上破罐破摔的人那么多，而你我偏偏没有，这是一件多么值得骄傲又多么励志的事情啊。

那些低到尘埃的日子，是向生活最有底气的反击

文 · 文浅

前几天，我去超市买东西，路过手帕纸的货架时，听到了两个女生的聊天。

"你看，这两种纸是同一种品牌，价格差不多，这个纸是十包装，这个是十二包，买十二包的吧。"

"不对啊，这里写了十二包装的，每包只有8张纸，每张纸2层，那么就是192层。那个十包装的有10张纸，每张纸3层，那么就是300层，应该买十包装的。"

我在旁边忍俊不禁，默默折服于两人对于买东西的精打细算。超市附近就是一所高校，不出意外，两人都是大学生，开学来采购生活用品。

听到两个女生聊天，我心里也是默默感慨。我们都一样，年轻的时候真的很穷，对购买的东西也是斤斤计较。学生时代，每一分钱都花在刀刃上，那个时候吃饭不是看菜的名字，第一眼看

> 生活很多时候给你一个比别人低的起点，
> 是为了让你演一场绝地反击的故事。

到的是菜的价格；买衣服时，不敢去太高端的店铺，拿了一件衣服不是忙着试穿，首先是偷偷看一下衣服上的价码牌。真的非常喜欢就奢侈地试穿一下，看看价格，又默默脱下来挂回衣架上。

我在很长一段时间里把自己定位成"穷人"，虽然我的家境还算小康，完全不用担心学费，生活费也基本可以满足日常需求，但在心里，我也有着一颗自卑的种子。刚上大学的时候，我首先接触的人就是舍友，舍友有的来自很大的城市，有的来自很富有的地方。而我的家乡，还戴着贫困县的帽子，我不敢说我的小县城到目前为止没有肯德基和麦当劳，没有游乐场，没有这么多的红绿灯，公交线路甚至也没有我们学校电瓶车的线路多。

那个在心里定位的穷，曾是我发现有很多老鹰已经可以飞翔，但自己却是刚破壳的麻雀还不知道怎么展翅的无奈。那些把生命中的心态低到尘埃的日子，曾让我战战兢兢，但每一次努力过后的成就，都是不放弃的人对生活最好的反击。

我的大学舍友，一直是我非常敬佩的人，她的生活非常简朴，生活费来源于学校的贫困生补助和勤工俭学，家里几乎不能提供经济资助。但这完全没有影响她大学三年，年年专业第一，每年一等奖学金。学习期间组织活动，做学问，当学生干部，参加大型比赛，生活得风生水起，不亦乐乎。

我一直在想，是什么让她能这般努力地生活，又是怎样的心境让她可以在浮华尘世中一直保持自己的平静与进取之心。后来我总结出，生活很多时候给你一个比别人低的起点，是为了让你演一场绝地反击的故事，就像跳远，些许的退后，是为了进行一段冲刺，跳得更远。要知道，跑在后面的孩子，才有更多超越别人的空间。

想起一位友人，家境非常普通，在大学期间非常努力，当他的舍友还在睡觉，他已经去了图书馆；当他从图书馆学习回来，他的舍友刚要起床。友人因为成绩优异，很顺利保研到了国内一所著名的高校，之后找了一份外企的工作，收入可观，工作条件极好。聊到他取得成功的原因时，他说：因为知道自己在很多方面不如别人，所以会比那些人更努力、更勤奋、更谦虚，这确实是一个赢家通吃的时代，但当你能给别人带来价值的时候，当你强大到别人的爹都赶不上的时候，那么谁都不能忽视你的存在。

起点比较低的孩子，跑得比较慢的孩子，如果一直奔跑，慢慢就会超越一路在前面大摇大摆走路的人。

现在，我慢慢开始不惧怕"贫穷"，开始欣赏自己在人生的

> 那些在生命中低到尘埃的日子，
> 都是为了更真实地感受生命的意义。

长途中慢跑但却从不停止的优雅。我开始比自己想象的还要努力，开始比自己想象中还要进取。发掘自己的爱好，保持自己的兴趣，坚持开源节流，坚持打造自己，坚持读书，坚持锻炼，坚持从内心深处克服不合理的心态。

将来一定有一天，我会有很好的收入，很平稳的家庭，更好的自己。这一天到来的时候我一定不会忘记，买衣服时先看价格的自己，那个慌慌张张在镜子前面看到很好看的衣服悄悄试一下又放回到架子上的自己。

我知道，如果"贫穷"不能打败我，那么必将成为我看到更美好远方的基石。同样，如果"贫穷"不能打败你，那么所有过去的艰难经历都会是人生路上最真切的回忆，让整个人生都可以抬着头，带着自己曾经努力过的傲气。

那些在生命中低到尘埃的日子，都是为了更真实地感受生命的意义。

我们有什么资格谈梦想

文 · 赤木

前些天,有位读者朋友给我留言,谈到了他的梦想。他是这样说的:自己去年刚毕业,已经工作几个月了,但总是感觉不得劲儿。他一直想当个作家,不需要太多名气,能养活自己和家人,有一些自己作品的拥趸,写出来的东西有人欣赏就足够了。但现在与作家风马牛不相及的工作让他疲于奔命,整天为了生计劳累。看不到未来,想放弃现在的工作去追寻梦想,却又怕失败,拿不定主意,很迷茫。

我想了很久,最后回了一句:"没有面包就谈梦想是对自己的人生耍流氓。"

其实这句话不是我说的,原作者是我一位朋友,她叫芦苇。芦苇从大学起给我的印象就是一个很自强独立的姑娘。她家境一般,样貌一般,没什么特长,也不擅长交际,和大多数女生一样平凡普通。但她非常喜欢读书,大学时除了学习以外的消遣就是读书。市面上的书质量参差不齐,阅书几年的她因此萌生出做一个工作室的想法。她想，她的工作室绝对不能出任何一本质量不好的书。

可惜她不是"富二代"，更没有极其卓越的天赋，也没有那份一出山就遇到伯乐的幸运。毕业的时候，她去面试了很多家出版公司都没有成功，最后只得为了不被饿死和交房租，去了一家公司做文员。现实与她的梦想几近南辕北辙。

我一直挺替她遗憾的，后来不多的几次见面，我们几个朋友都绝口不提关于图书出版之类的任何事，生怕她听了不舒服。直到去年我收到她寄给我的一本书，附信说是她把关做策划人的第一本作品，让我帮她看看。我很吃惊，约了见面后才有机会和她仔细地聊了聊这些年的经历。

那年跟她同一届进入公司的实习生有三个人，另外两个实习生一位有英语专八证书，还有留学进修经历，一位是工作相关专业，长相气质出众。只有她，相貌平平，学历普通，除了毕业证和学位证以外，没有一个工作相关的证书，连基本的职业妆都不会化。甚至连招她进来的HR都说，如果不是今年应聘的人少，她这样的学历是压根儿没可能进这里工作的。几乎公司里所有人都认定了她实习期结束就会被一脚踢开。

她说她当时特别难过,想回老家去考个公务员早早嫁个人算了。可是一想自己的目标,就咬咬牙坚持要在这儿扎下根。她动作慢,但老实肯干,有些事不懂,但她愿意学而且不懒。英语不好就报英语班再进修,软件用不溜就照着教程使劲儿练,策划被否就熬夜做,不信自己还就这么被注定一辈子了。

三个月实习期结束了,她出乎意料地留在了公司,而走掉的是那个留学生。听说留学生心高气傲,被否了策划案不肯耐心找问题,到处抱怨上司的不是。

虽然是留下了,但她总觉着是自己幸运,所以她依旧很拼。她始终知道自己想要什么,所以即使做着与梦想毫无关系的行业,她也将这当作是必要的准备。拼命到现在,她的工资比之当初翻了好几番,足够让自己过得不错,还存了一笔存款。

"我要在这个城市扎下根,首先得让自己不被饿死。"

"如果还没有挣到养得起自己的面包,谈任何梦想都是对自己的人生耍流氓。"

"在没有万全的准备之前,我不敢丢下我的面包。"

工作四年,她接触了各行各业的甲方,铺展了五湖四海的人脉。直到现在,她才觉着时机到了,积累足了,她拿着自己四年

> 如果你真的愿意为梦想奋斗一生,那人生漫长,
> 什么时候开始都不会晚。

省吃俭用的存款和砸锅卖铁凑的一笔钱,和朋友一起投资了一个工作室,挂名在一家出版社下面。绕了这么大的圈子,她还是回到她最初的梦想上。更好的是,通过四年的积累,她已经有了为自己选择负责的能力。

昨晚我看到她在朋友圈更新了一条状态:"一晃眼,这已经是我工作室的第十五本书。回首来路,我对得起自己,也更有把握面对未来。"我给她点了个赞。

其实,每个人都经历过那样一段拼命努力养活自己的日子吧。所以,如果问我梦想和面包该如何抉择,我会说:"从拥有面包开始,你会拥有一切。"

初入社会,很多年轻人有相同的困惑。这个社会的规则与想象中大相径庭。刚从象牙塔里走出来的牛犊们还没有打开拳脚,就被社会残酷的生存规则当头一盆冷水。撞过一些南墙后,发现梦想不能当饭吃,不饿死自己最重要。于是向现实妥协,安安稳稳找了一份工作,又惴惴不安,心有不忿,生怕自己的血凉了。

其实没那么可怕,如果你真的愿意为梦想奋斗一生,那人生漫长,什么时候开始都不会晚。不必后悔过去,当拥有不被生计裹挟的能力后,你会发现,最好的开始是现在。

梦想这个东西说起来很虚，很多人一辈子都不一定能实现，而且梦想还会随着时间的变化而改变。就像每一个男孩子小时候都想要做宇航员，每一个女孩小时候都希望自己是公主。可是长大后发现，原来宇航员是高危行业，公主只在童话里。

初出茅庐的年轻人总喜欢把"掌握自己的人生"挂在嘴边，其实社会上摸爬滚打久了就会发现，没有一定的积累是没办法决定自己的人生的。这个积累可能是人脉，可能是金钱，可能是能力，但绝对不仅仅是一腔热血的蛮勇。

把梦想埋在心底，然后勤勤恳恳工作，踏踏实实攒钱，有了金钱、人脉、能力这些可见的积累后，再去冲一把。真正的梦想，不会被时间忘记；真正的勇气，不会因年纪丢失。从你有了面包开始，你会拥有一切。

永远别说不可能

文·马德

生活中总有一些人,对未来并不主动。他们不是在动荡的日子里颠簸得太久,就是在四平八稳的时光里缠绵得太深。不是绝望了,就是变懒了,表现在想法上,不是怯懦,就是不思进取。动荡迷乱了精神,信念就会在迷惘里溃散;而在温柔乡里待得太久,斗志难免会忘了回家的路。

自设的绝境,往往比生活给的绝境更让人难以逾越。这个世界最大的绝境就是:在希望到来之前,绝望已经到来;在"可能"到来之前,"不可能"早已抵达。

其实,许多地方往往不是人到不了,而是心到不了。只能在方寸之地回旋的人生,一定是跟在了别人的后面。一条路,当被前人走绝,自己也只有重复的份儿。实惠的生活哲学,往往都是挑选"能"的事去想、去做。这样看似规避了风险,却同样堵死了通往人生广阔天地的路。

生活是扑朔迷离的,它给你一些,也拿走一些,让你快乐一阵,也让你痛苦一阵。它的奇妙之处就在于，看似不动声色，却让每个人都过得不尽相同。

乐观的人，总能在生活的有限中走出无限来，因为他们更善于在绝望之处看到希望，在不可能中捕捉到可能。希望看似渺茫，却伏在了时间深处。它一动不动，等在那里，等着与心性坚韧而明亮的人相逢。你放弃的时候，或许它也在涕泪交加，因为，它与你只是咫尺之遥。人生的好多转机，不是等不到，而是常错过。

有时，消极想法太盛，会绑架我们的意志。先入为主的暗示，会让我们在否定自己时，越发地理直气壮。如果你习惯站在庭院里吹风，不妨踩着木梯爬上屋顶。不仅是因为屋顶的风更大、更凉爽，重要的是，你会眼界突然一开，看到庭院里看不到的风景。

可惜，有的人一辈子都没给过自己登上屋顶的机会。他们被心底的院落囚禁得太久、太深。人生的明媚，他们无缘看到。

二十多岁的年纪，
我们能做些什么？

文 · 卢思浩

1

有一天凌晨从 24 小时健身房回家，看到一个小伙穿着西装拿着一堆文件坐在马路边痛哭流涕。看着很清秀，不过是毕业两三年的年纪，你可以从他的眼睛里看到那种特有的对未来的憧憬被打破的眼神。不知道他发生了什么，只是默默给他递了一张纸巾，然后各自上路。

我只是想起以前的自己，一个人拎着比我还沉的两个大箱子，坐公交花掉了身上的最后一分钱。手机没电，卡里没钱，距离住处还有 7 公里。拎着箱子走了一路，轮子半路罢工，我只能走走停停。一边唱着"他说风雨中这点痛算什么"给自己打鸡血，一边看着前路漫漫咬咬牙。

有时我觉得北京那么大，却还是容不下很多人的梦想。我们为什么要漂泊？大概只是为了能够衣锦还乡，大概只是为了能证明自己，证明自己可以在另一个城市扎根，从此不再漂泊。

最近为了项目东奔西走，见了太多人。有个哥们儿八零后，北漂。漂着漂着到了本命年，喝着酒突然一拍脑袋，大吼一句：我已经三十六了。

我问他，那你喜欢北京吗？他摇摇头，说谈不上喜欢，只是习惯了，只是依赖了，依赖这里所谓自由的空气。你可以看到无数人，他们有着各自的面孔，你不知道他们有什么故事，可你也不会去批判什么。我们不用被逼着相亲，我们还能念叨着所谓的梦想。

有时我在想，我们为什么要选择大城市？

终于我明白，承认吧，这是为了你自己的野心，你想过上不一样的生活，你就是想剧烈，你就是想折腾，你就是想告诉自己年轻没什么。于是你跌倒，于是你受挫，于是你的价值观被冲突得七零八碎，剩下一点支撑着你：还年轻，不甘心。

二十多岁的我们，还算年轻的年纪大概是我们唯一的资本。

努力不能实现一切,它只能告诉你,
你最远能到哪里。

2

努力真的能实现一切?

我很想告诉你,可以。

但有时事实如此残酷,你就是做不到。

这个世界上存在着金字塔,每个行业的顶端,几乎都站着天生就适合做这个行业的人。用我们这行的话说,这叫老天爷赏你饭吃。

于是你接触到不公平,你有时安慰自己,这世界或许还是公平的。等到你再成长一些,你终于承认,这世界就是不公平。有人可以付出 80 分的努力,得到 150 分的结果;而你偏偏要付出 200 分的努力,才得到 150 分的结果。就像学生时代你做一道几何题,有人一眼就能解出答案,而你绕了一大圈,才发现你只是没有想到在图上多画一道中位线。

你终于豁然开朗,别人已经走在前头。

同样的努力,别人就是众生欢喜,而你只有自己。于是很多人问我,那我们为什么要努力?

为什么要努力?奇妙的是大部分问这个问题的人,都没有真正努力到那个份上。我见过很多人说想要写书,却连坐在电脑前构思三小时都做不到;我听过很多人要做项目,却连事前做一些深入了解都不愿意;我遇过很多人第二天要演讲,却连PPT都没做好。然后他们就抱怨,然后他们就控诉,到头来他们在控诉什么连他们自己都不知道。

奇妙的是,在用尽全力之后,人总能在一个领域里到达某个位置。只是这个位置是不是为当事人所满意,只有他们自己知道。努力不能实现一切,它只能告诉你,你最远能到哪里。

可人生不就是这么一回事?总有某个生活节点,你度过之后发现生活突然好转了起来。或许这是你时来运转,但更多的是你终于给自己打开了那扇门。

很多人连那扇门都没走到,而你走到了。你终于可以对自己说,是,我可以在一个城市生活下来,而且我确信之后的我无论去哪里,都不至于饿死。

这就是努力的意义,剩下的,交给时间。

3

我的好朋友叫才雅,一个姑娘每天起早贪黑,天天缺觉,可还是把自己打扮得神采奕奕，不让任何人看出自己的疲惫。昨天她急性肠胃炎，一个人咬着牙去了医院，没让任何人知道。只是恰好我去她家，看到了她正在吃的药。

我说，这么巧，我也得过这毛病。才雅对着我笑，说，病友你好，病友万岁。

行走世间，人人带着一身伤，都像斗士一样披荆斩棘，再给自己的心上个盔甲，从此刀枪不入，直到真的遇到那个人彻底投降。

其实，在你羡慕着别人的同时，不妨看看你自己，是不是也会有别人总说你的生活真好啊，看你的照片过得很滋润。然而，没有人知道你忙到半夜三点才睡觉，第二天一早又得爬起来。有人看到你满是浮肿的眼睛问你怎么了，你以为找到了救星想要好好倾诉一番，可聊了几句话之后就又变得无话可说。

但至少，你不是一个人在走钢索。有天，我们总会相遇，相视一笑彼此鼓励，然后各自上路。

你不是这个城市里唯一的怪人。因为我也是。

4

我见过一些人，他们也朝九晚五，有时也要加班，却能把生活过得很有趣。他们有自己的爱好，不怕独处；他们有自己的生活圈，也常聚会；他们有自己的坚持，哪怕没人在乎。我佩服每个能在平静生活中过出趣味的人。没有无所事事的人生，有的是无所事事的人生态度。如果内心贫瘠，换一万个地方生活都雷同。

20多岁，我们谈不上能拥有多少物质，我们甚至没有那么多的朋友。没有太多人愿意陪你酒后痛哭，然后听你倾诉。可好就好在，就算朋友不多，却都是真心知己。

20岁出头的时候，请把自己摆在20岁出头的位置上。你没有理由也没能力去拥有一个40岁的人拥有的阅历和财富，你除了手头的青春你一无所有，但就是你手头这为数不多的东西，能决定你是一个怎样的人——决定你是否是一个能把平淡生活过出乐趣的人，决定你是否是一个朋友真心对待的人，决定你是否是一个能够让自己爱的人觉得安心的人。

时间一天天过去，我们终会因我们的努力或堕落变得丰富或苍白。不要等到你终于遇到你喜欢的人时，才发现自己是那么苍白。

20多岁,你一无所有,可你还有未来。

20多岁,我们都在焦虑,我们都在奔跑,我们都怕走错路。

这就是我们的20多岁,苦,挣扎,但也算幸运;简单,理想化,但也算懂得一些道理;跌跌撞撞,磕磕绊绊,有时鼻青脸肿,但还不打算放弃。

假如命运亏待了你

文·慕容素衣

姑姑和人合伙开了一间美容院,在她 41 岁这年。这是她第 N 次创业了。自从 30 岁那年她和姑父双双下岗以后,姑姑卖过服装、开过饭馆、推销过化妆品,甚至还远走贵州开过洗脚城,结果无一例外以亏本告终。人们都说,奸商奸商,无奸不商,像姑姑这么善良老实的人,做生意怎么赚得到钱?连她本人也不忘自嘲说:"我这个人,天生就不是块做生意的料。"

如此折腾了几年之后,姑姑原本攥在手里的一点点存款全部打了水漂,还欠下了一屁股债。生意最惨淡的时候,是和人一起在县城开服装店,店子开在新的步行街里,一串儿四个门面连着,看上去气派得很。当时姑姑是借了高利贷准备去打翻身仗的,谁知人算不如天算,步行街人气始终不旺,生意也跟着一落千丈。

那年暑假我去看她,偌大的服装店只有她一个人守着,为了节省开支,连卖服装的小妹也不请了。中午吃饭时,小表妹也在,我突然懂了事,推说不饿,三个人只叫了两份盒饭。姑姑还是保持着热情的天性,一个劲儿地往我饭盒里夹肉丝,自己光吃青椒了。

服装店没撑多久,还是关门了。姑姑还算平静地接受了这个现实,为了还债,更为了一双儿女,她去了好姐妹开的超市里打工,说是售货员,其实收银推销什么都做。超市货物运来时,姑姑帮着搬上搬下地卸货,有时做饭的回家去了,她也帮着料理一大群人的伙食。其实她的本分只是售货,可姑姑说:"都是很好的姐妹,能搭把手就搭把手,计较那么多干吗。"姐妹为人和气,见了她还是和以往一样亲热,但工资并没给她多开,过年的时候发给她和其他员工的红包也是一视同仁,都是100元。

姑姑的腰椎病,就是那时候落下的。毕竟,有些货物像酒水饮料什么的着实不轻,30岁以前,她过的是养尊处优的少奶奶生活,哪里干过这样的重活。每次卸货之后,腰都会酸痛好几天,有时胳膊都抬不起来了。

为了小表弟上学方便,姑姑一直住在镇上。她在镇上是没房子的,还是从前的姐妹出于好心,借给她一间房子暂住。我去她住的地方看过,一间房子搁着两张床,吃饭睡觉都在这间房子里,平常她和姑父带着小表弟住,表妹回来了也住这儿,看着未免有几分心酸。屋角摆着个简易衣橱，拉开一看，好家伙，满满一衣橱的衣服裙子，都熨得服服帖帖挂得整整齐齐的。再看看姑姑，小风衣披着，紧身裤穿着，摩登的样子一丝丝不改，真像是陋室中的一颗明珠。我这才发现，原来自己的心酸是太过矫情，到哪个山唱哪首歌，人家瞧着姑姑是落魄了，她其实过得好着呢。

再后来，姑姑连生了两场大病，先后摘除了子宫和阑尾。人看上去憔悴了不少，脸色远远没有年轻时那样光彩照人了，只是穿着打扮仍然丝毫不松懈。我问起她的病，她就撩起衣襟给我看她小腹上的两道疤。两道粉红色的疤痕凸现在她雪白的肚皮上，看上去略有些面目狰狞，我看了眼就掉转过了头，她却开玩笑说："这要再生个什么病，医生都没地方可以下刀了。"

谁都以为姑姑就会在超市里一直干下去，直到干不动为止。没想到事隔多年以后，她拿出多年来和姑父打工积攒的辛苦钱，又一次投身商海。当然，这次她保守多了，只是美容院的小股东，而且兼职店面看管人，每月能拿固定工资，不至于一亏到底。开美容院这个行当还真适合姑姑，她打小就爱美，不管处于什么样的境地都把自己收拾得光鲜体面，小镇上的人一度拿她当时尚风标，说起她来都爱叹息自古红颜多薄命。

姑姑薄命吗？兴许是的。从 30 岁以后，命运从来都不曾厚待过她。病痛穷困就像那两道面目狰狞的疤痕，印在了她的身上。可是姑姑既不怨天尤人，也不妄自菲薄，而是带着那两道疤痕坦然地、面带微笑地活下去。

最近姑姑加了我的微信，她仅仅读过初中，使用起微信来却并不生疏。我经常看她在朋友圈里上传一些美容、养生的内容，想象着在老家美容院里温言细语为顾客服务的姑姑，心头时常会响起她劝我的话："媚媚，人这一生啊，说长不长，说短不短，别计较那么多，什么事情都要想开点，吃点亏不用放在心上。"

姑姑已经 41 岁了，这两年苍老了很多，可是在我心中依然那么美丽。姑姑的故事常常让我想起《倾城之恋》中的白流苏：你们以为我完了，我还早着呢。

我还想说说一个朋友的故事。阿施是我采访中认识的，地地道道的广东本地人，货真价实的"靓女"，人生得高挑秀丽，还温柔得很，说起话来总是和声细语的，配上动人的微笑，真让人有如沐春风的感觉。

我采访阿施的时候，正是她人生的巅峰。那年是虎年，她的本命年，正好我们要找 10 对属虎的新郎新娘采访，阿施就是这

10位新娘中的一位。当时她向我描述新婚宴尔的生活,言语间不时流露出初为人妻的甜蜜。我记得她发给我的照片,穿着白色的婚纱,赤足踩在海滩上,对着老公一脸灿烂的笑,她的身后,是碧蓝的大海。

长久以来,阿施给我的印象就像这张照片一样,美得不染人间烟火。我有时想,天使落入了凡间,或许就是她这个样子。直到我也做了母亲,两个人比以前亲近了些,有次吃饭时聊起家庭,她忽然问我:"你知道我家里的事吧?"我懵懂地摇了摇头。阿施想了想,终于开口说:"我老公出了场车祸,很重的车祸。"我一下子蒙了。

变故发生在一年前,那时阿施刚生了宝宝不久,孩子还只有两个月,老公就因疲劳驾驶出了场车祸,车被撞得完全变了形,人也撞得七零八碎,骨头飞了一地,有些都捡不回来了。老公在ICU里住了小半年,这期间阿施的妈妈也生病了,查出来居然是癌症,父亲要上班,家里家外都是阿施一个人在忙,怀里还有个嗷嗷待哺的小娃娃。最痛心的是,婆婆不但不帮她,还指责她没照顾好儿子。

再难熬的日子也会挺过去,等到阿施向我诉说的时候,事情已经过去了一年,老公还在住院,正在缓慢康复中,可以不用拐杖独立走动一段路。妈妈的病没有恶化,生活能够自理。宝宝也长大了,会走路会说话,还会给妈妈倒水疼妈妈啦。

"我都不知道自己是怎么熬过来的。"说到这些,阿施眼圈有些发红,很快又恢复了微笑。她说,最艰难的时候,都想过要放弃了,那些日子里,儿子就是她生命中唯一的光。

我看着面前的阿施,她还是那么靓丽温柔,我根本想象不到,在她身上曾经发生过这么大的不幸。我和她认识以来,似乎一直都是她在关心我,工作上有什么烦恼,采访时想要找本地人,都是找她帮忙。在过去的一年里,这种状况也没有什么变化,每次我在QQ上和她说话,她都是事无巨细地一一解答。

在她的空间里,我常常看她晒一些旅行、聚会、和朋友吃饭的照片,照片中阿施看上去开开心心的,只是比以前瘦了些,我何曾想到,在她产后暴瘦的背后,有着这样的变故。长久以来,阿施就像一轮小太阳,向身边的人散发着光和热,这些人中就包括我,可是我居然不知道,小太阳的内心早已经燃烧成了灰烬,曾经面临着完全冷却的困境。

"其实也没什么啦,也许是老天以前对我太好了,所以要考验一下我。"阿施说，在过去的一年里，她使出了全身的力气去努力生活，努力照顾好每一个家人，把自己打扮得漂漂亮亮的，儿子生日时让人上门拍亲子照，把全家都安顿好了还抽空去了次泰国，最后她发现，原来一直习惯被人照顾的她，也可以这么能干。

　　说到未来，阿施对老公的彻底康复并不是特别有信心，她唯一可以确定的是，不管处于什么样的境地，都要让自己的生活保持"正常"的样子。"如果我都倒下了，一家人还怎么支撑下去。"阿施掏出手机给我看她的亲子照，照片上，她抱着儿子，两个人都在笑，比起海滩上的那张照片，她的笑容不再那么无忧无虑，而是多了一些沉甸甸的内容。我怎么觉得，这些沉甸甸的内容令她的美更有质感了呢。

　　如果你还想听的话，我还可以说出很多这样的故事，我奶奶的故事、胡遂老师的故事、小邬师姐的故事、保安小王的故事、我自己的故事。是的，我之所以会说这些故事，归根结底是为了在他们的故事中找到支撑我前行的力量。这些年来，我一直过得很不开心，有时我问自己："你为什么这么不开心呢？"抱怨成了我的常态，只要是和我走得近的人，都听过我的抱怨。我总是想不明白，凭什么我这么努力，却一直得不到回报？凭什么人家

> 即使命运亏待了你,即使生活辜负了你,
> 你也要做到、不辜负自己、不放弃自己。

可以轻松自在,我却要这么辛苦?凭什么不公平不走运的事,都要落在我的头上?

我一直认为,命运亏待了我,到底是不是这样呢?答案已经不重要了,当你听完姑姑和阿施的故事,就会发现,即使命运亏待了你,即使生活辜负了你,你也要做到,不辜负自己、不放弃自己。那么多人在用力生活着,那么多人背负着伤疤仍然不忘微笑,我如果再不打起精神活下去,又怎么对得起老天赐予我的生命。

人是多么脆弱,每一次苦难都会在我们身上留下难以磨灭的伤痕;人又是多么坚强,只要苦难不足以致命,就会在泥泞中挣扎着站起来,重新出发。我们无法选择命运,我们唯一可以选择的是,当命运露出狰狞的一面时,坦然无畏地活下去。

人生没有毫无意义的事情

文·南有先生

"你有没有做过对你来说毫无意义的事情?"今天有人这样问我。

我很认真地思考了十几秒,然后笑着说,没有吧。

我想起了我最喜欢的电影《那些年,我们一起追的女孩》里,沈佳宜对柯景腾说的一句话。她说:"人生本来就有很多事情是徒劳无功的啊。"

是啊,人生本来就有很多事情是徒劳无功的,比如弯路,比如绵延的想念,和你。可是,我并不觉得那是我人生里毫无意义的事情。我觉得吧,我们每个人活到现在,所有经历的事情、遇到过的人,都不是毫无意义的。

每个人的出现都是有意义的,他们的出现会给我们带来不同的意义;每件事的发生也都是有意义的,因为我们淋过的雨、受过的苦都造就了现在的我们。

有人留言来问我,怎么办,我觉得我一直在走弯路,我现在所做的事情、所学的专业并不是我喜欢的。可是我只能继续下去，我觉得看不到未来，我好迷茫啊。

我告诉他说，你知道吗？我像你这么大的时候，我也曾经这么迷茫，也整天觉得人生为什么要走那么多弯路，到底我的将来是怎么样的？我也想过，为什么人生里会有那么多毫无意义的事情。

我也和你一样，曾经这样想过。

只是后来，当我努力坚持，熬过了那些迷茫的青春岁月之后，我再往回看，才突然发现，我之前所做的事情，对我来说，都是宝藏。

我曾经在念高中的时候忙着写作，组队玩文学，最后只考了一个很普通的大学。然后我并没有因为写作而名声大噪，仅仅是在学校小有名气，于是我怀疑自己当时是不是做了毫无意义的事情，觉得如果当时拼命念书，是不是更有意义。

可是后来，我发现正是因为我当时拼命地写，才有了现在的文字功底。当时在课堂上、在假期里，自己躲起来写作的日子，带给了我很多饱满的思想和能量。

我以前很喜欢花时间和别人争论对错，念初中的时候，就经常有人来找我对辩。常常会为了一个辩题而面红耳赤，好强一定要赢。

那时候有个同学和我说，你看你，那么喜欢辩论，就算你赢了，也只是嘴皮子赢了，为这种毫无意义的事情花时间，还不如多念书考试。谁知道我的表达能力越来越好，念大学的时候就可以参加辩论赛、演讲赛，然后从一群人里脱颖而出；当社团干部的时候，也在群体里一开口就能征服所有人。

再到现在，因为我当年所谓毫无意义的"口舌之争"，培养了我良好的表达底蕴和思辨能力，配合上我的写作能力，现在已经可以写出带有自己思想的文章了。也正是因为那些毫无意义的时光，让我现在变成一个语言表达教练，可以专门讲课，教授演讲和社交表达。

我所有喜欢的，画画、写字、小玩意儿、审美……都是从那些毫无意义的事情里发展出来的。我很庆幸，我的父母给了我自由，去做这些看起来毫无意义的事情。

于是我突然发现，这些事情并不是真的毫无意义的。不要着急着去做很多所谓有意义的事情，要先把那些你喜欢的、看起来毫无意义的事情做好。因为人生根本没有毫无意义的事情，只是

> 人生根本没有捷径,而那些看起来毫无意义的事情,
> 或许才是造就你的风雨磨砺。

看你,能不能投入地去做。

每一件事都能教给我们不同的感悟,每一段感情也都能带给我们不同的成长。

每当有人跟我说起失恋,我有时反而会为他高兴。你会因为失恋而痛苦,因为痛苦而成长。你经历的人,可能会伤害你,但是如果你不是自暴自弃而是自我完善,那么这些经历会更让你知道自己的缺点,会更让你明白自己喜欢什么样的人。

你走过的路,你看过的风景,最后都会变成你最难忘的回忆。

你吻过的人,你爱过的他,最后都会在你的心里,开出一朵花。

所以,那些看起来毫无意义的事情,不要急着去避开它。那些看起来毫无意义的事情,也不要着急去越过它。特别是有些人喜欢寻找捷径,寻找最舒服的成功方式,这类人最后还是会走弯路。因为人生根本没有捷径,而那些看起来毫无意义的事情,或许才是造就你的风雨磨砺。

总是有人要赢的，
为何不能是你？

文·尚军

接到勇哥的电子请柬，说他要结婚了。照片上，一张英气俊朗的脸，写满了幸福和满足；旁边的姑娘倚着他，笑得有些娇羞，却是大方得体。电子请柬下方有一行字：我们不是对方的梦中情人，却是彼此想要执手偕老走完一生的人。

我在微信上给他回：你还挺能拽词儿。

他回：你知道的。

我当然记得，5年前，勇哥自认为找到了他的"梦中情人"，房子买了，双方家长见了，婚宴也订了，可女方突然觉得心里没底了。当时，勇哥第二次考研失败，每天就在家里帮爸妈打理干鲜杂货铺。

勇哥说，你现在后悔还来得及。

姑娘思忖了一周，说，要不，先算了吧。

姑娘从新房里搬出去那晚，我去陪勇哥吃饭，他喝了很多酒。

> 那些走得更远的人,并不总是特异于常人,
> 或许只是每天比别人多走了一点点。

然后,就一直在问,为什么别人能跟喜欢的人在一起?为什么别人能考上研究生?我也够拼了,为什么人生赢家就不能是我?

这些疑问,好多人都有过吧。从小,我们就活在"别人家的孩子"的阴影里;考大学、找工作,好像也是马马虎虎、不太理想。我不相信这世界上还有另一个我在过着我想要的生活,却真真实实地看到身边有那么多人拥有我拼尽全力也得不到的东西。所以,我也想问,如果总是有人要赢的,为什么偏偏不是我?

那段时间,勇哥陷在悲观和迷茫中走不出来,常常跑到他们俩曾经牵手散步的河边一趟趟地溜达。勇哥爸爸悄悄地老远跟着,生怕他出事。

但这样的状态并没有持续太久,很快他又开始把自己的时间排得满满的,白天进货守摊,一到晚上就把自己关在房间里看书复习,常要到夜里两三点。有一回,我陪他去外地进货,旅途劳顿加上谈了一天的生意,真有些腰酸背疼。晚上回到酒店,我倒头就睡,半夜醒来,看到他床头的阅读灯还亮着……

"何苦这么难为自己呢?"当时,我这么问过他。

他淡淡地回答,还没到完全无能为力的时候,不想就这么放弃罢了。

遗憾的是，第三次，他依然榜上无名。可他对卖干鲜杂货也着实提不起兴趣，便说服父母，应聘去了一家公司做起了行政助理，主要工作是处理公文，还常常跟着老板各地出差。

有一天在飞机上，老板给他一份即将要签的合同，让他帮忙再校对一遍文字。谁知，他竟发现了一处容易引起歧义的表述。假如对方故意刁难，公司的损失可能数以百万计。而勇哥及时提醒，堵住了漏洞，令老板对他刮目相看。勇哥的人生也就此柳暗花明，晋职加薪接踵而至，一下子竟也成了让其他同事羡慕的"别人家的孩子"。

有人在背后议论，说勇哥运气真好，假如当天在飞机上的是自己就好了。勇哥很认真地跟我说，那哪是运气好，他们哪里知道我那些法律知识是怎么学来的？为考法律硕士，我已经准备了三年！

勇哥常说，那些走得更远的人，并不总是特异于常人，或许只是每天比别人多走了一点点。既然心中有了远方，他就想做那个每天脚踏实地多走一点点的人。

也常听人说，年轻就是资本，因为年轻，所以有无限的可能。这句话，我只同意一半。我一直觉得，年轻不是资本，年轻又努

> 年轻不是资本，
> 年轻又努力才会成为资本。

力才会成为资本。清楚自己想要的，然后一步一步接近目标，既有雄心万丈的抱负、水滴石穿的坚持，也要有不轻易服输的勇气和迎难而上的韧劲。努力，并不轻言放弃。

想起马云的一句名言："今天很残酷，明天更残酷，后天很美好，但绝大多数人死在明天晚上。"如果碰到压力就觉得不堪重负，稍微有点儿不确定就把前途描摹得黯淡无光，遇到阻力掉头就撤，那么即使花样年华，岂不也是空付流水？

正当大家还在对勇哥羡慕嫉妒恨的时候，他已经放下了那些光环，一有空闲又开始苦读。第四次，他终于如愿，考上了那所名校的法律硕士。并且，在那里遇到了他想要执手偕老走完一生的人，就是那个在电子请柬的照片上，倚着他，笑得有些娇羞，却是大方得体的姑娘。

这时，我再问勇哥，你现在觉得自己是人生赢家了吗？他反而比以前更淡定了。他说："生活本就有好有坏，你愿意去感受的那一部分，就是你的人生。我也自卑过、迷惘过，甚至绝望过，觉得自己什么都干不好，干什么什么不成。可那些失败、低谷还有负面的情绪，绝对不是你人生的全部。当我决定勇敢面对那些困境的时候，我就知道，总会有一条路能带我走出去……"

于是，我明白了，像勇哥这样目标清晰、百折不回的人，是注定会成功的。他们绝不让自己一直囿于消极的窠臼，能坦然接受命运的捉弄，从不为不想努力找借口，即使遭遇困顿也坚持做好每一件小事，从不放弃任何变好的可能。

我始终相信，今天的你，身上带着昨日光阴的投射。而明天的你会是什么样子，也完全取决于你今天的态度和作为。

时光终究不会辜负每一个努力的人。

既然总是有人要赢的，为何不能是你?

真正的成长，是需要独自去历练的，
既然选择了，就要坚定地走下去，
只有这样才会收获更多。

彩虹，
总是伴随着风雨，
成长总是伴随着阵痛。
我们因为年轻而振臂高呼，
也因年轻而付出代价。

《夏至未至》

那些走得更远的人,并不总是特异于常人,或许只是每天比别人多走了一点点。

谁不是一边受伤，一边成长

文 · 汤小小

表妹毕业后，顺利进入一家心仪的公司，而且通过自己的努力，很快就适应了快节奏的工作。她不止一次对亲戚朋友说，以她的良好表现，肯定能轻轻松松度过试用期。可是，三个月后，表妹垂头丧气地走出了那家公司。试用期居然没过！

大家都颇为不解，以表妹的勤勉，过个试用期按说不是问题啊，怎么就成了问题了呢？在大家的追问下，表妹愤愤地说："别提了，想不到职场里，小人这么多！"

原来，表妹和另一个同事一起入职，而他们应聘的职位最终只能留一个。表妹一直坚信，谁能力强谁胜出，没想到，对方使了盘外招，把本该表妹负责的事情搞砸，然后又拒不承认自己插手了，以致领导对表妹的能力产生怀疑。

这个跟头确实跌得不轻。我问表妹，以后打算怎么办？表妹抹干眼泪，扬着脸说："能怎么办，继续找工作呗。""我是说，以后打算怎么对付同事？"表妹愣了愣，继而笑道："反正陷害别人的招数我学不会，也不屑于学，我还是相信职场凭实力说话。不过，害人之心不可有，防人之心不可无，以后，我肯定会多长个心眼，不让类似的事情重演。"

我长舒一口气，幸亏她没有说："职场就是这样，有能力不如会玩心计，我也要不择手段上位！"那样的话，她就走上了弯路。

有位同学，对朋友特别仗义，但凡朋友有所求，上刀山下火海也要帮忙。因为这个性格，他朋友特别多，而且关系都很铁。

他是做网站设计的，经常把自己的设计方案讲给朋友们听，征求朋友的意见，甚至，设计完成后，还会主动请朋友过目。某一天，他忽然发现，其中一位朋友不声不响地用了他的设计方案，连声招呼都没打。他打电话去询问，对方一看是他的号码立即摁掉。

这让同学特别难过。其实以他的性格，如果朋友请他帮忙设计个方案，他肯定会一口答应，而且不收一分钱。可是这位朋友的做法实在让人很心寒，简直跟背后捅刀子是一样的。

同学打电话倾诉这件事儿时，我问他："以后还相信朋友吗？"他怔了怔，随即道："当然，我还是会为朋友两肋插刀，毕竟，我的朋友中,大部分都是对我很好的。只是以后,我不会把谁都当朋友,那些不值得交往的人,我不会在他们身上浪费时间。"

我心里的一块石头落了地,幸亏他没有说:"我再也不相信任何人,就连朋友,我也会小心提防着。"那样的话,该多累啊!

我记得自己二十岁时,谈过一场无疾而终的恋爱。我一直暗恋的男孩,某一天对我说:"做我女朋友吧。"那时,我没有追究为什么。青春年少的女孩们,总是对自己没来由地自信,相信自己有潜质成为灰姑娘,也相信自己单薄的身影能吸引所有人的爱恋。

我沉浸在爱情的美梦里,却怎么也没有想到,仅仅三个月,所有的一切都变了模样。他到了另一个城市,然后很快就有了新的女朋友。这次,我终于知道追问为什么了。他说:"我一直把你当妹妹的,那段时间太寂寞,才想着和你谈恋爱。"

我当时只有一个念头,就是扇他几耳光,再一脚踹倒,但是最终我没有,我只是默默地转身,从此,不再联系。

是的,我的初恋不是个好男人。奇怪的是,当明白这一点时,我忽然更加珍惜身边的亲人,珍惜身边的一切。同时暗暗下定决心,我以后要找的男朋友,一定是一个品行端良之人,绝不会再

> 真正的成长，是不管受多少次伤，
> 你依然保持初心，依然对生活充满热情。

和品行不端的人有任何纠缠。

现在回头看，忽然很感激当时的自己。幸亏当时我没有说："男人没一个好的，我再也不相信爱情了！"那样的话，我怎么能遇到现在的爱人？

每个人的一生中，都会受到无数次伤害，来自亲人的，来自朋友的，来自爱人的，来自同事的，来自陌生人的。伤害在所难免，但是，我们却可以选择，以怎样的态度面对伤害。

有人受过一些伤，便心灰意懒，便对这个世界失去了信任，扭曲了自己的灵魂，让自己跟着那些罪恶同流合污。而有些人，受过伤害后，变得更加坚强、更加豁达，依然对生活保持着不变的热情。

每次受伤，都是一次成长。一生中，每个人都有无数次成长的机会，只是，有的人越来越世故，有的人越来越冷漠，有的人越来越阴险。他们被伤害踩在脚下，变成了面目全非的自己。

真正的成长，是不管受多少次伤，你依然保持初心，依然对生活充满热情，依然相信你所相信的一切，并在伤害中学到受益一生的东西。唯有这样，才不枉自己所受的那些伤害。

我从来不信这世间会无路可走

文 · 伊心

昨天和 H 聊天,她开心地告诉我:"我们住进新房子啦!"发过来的图片上,书房照片墙里有我们宿舍的合照,窗台上一排绿植在明媚阳光下青翠好看。

大学时,H 的床铺在我的对面。她不止一次地跟我说:"我一定要在毕业后两年之内让我爸妈住上新房子。"我一直以为她只是说说而已,因为刚入职普通本科毕业生两年的工资相比于新房首付,简直是杯水车薪吧。

没想到两年后,她竟真的完成了自己的承诺。

H 的父亲在她初中时得了脑梗死瘫痪在床,花了很多钱治疗,她母亲没有工作,原本便是低保户的家庭更加雪上加霜。家庭突遭变故后,她一个星期没上学,回去之后才知道班主任召集全班同学给她捐了款。正好隔天开家长会,H 上台发言,说了很多个谢谢,然后把那些钱全都退了回去。我不知道当时年仅 15 岁的她说了些什么话,只知她说完之后,台下很多大人落了泪。

H说，从那之后她没再花过父母的钱。她从重点中学转学到了普通中学，因为那所学校不仅不收她学费还发了足够她生活的奖学金。上大学她申请了助学贷款，并且无时无刻不在打工，从每小时30元的家教到自己做各种各样的小生意。当然了，做这些也没耽误她当学生会副主席，是全院600多个学生人人钦佩的"厉害的人"。

她做任何事都任劳任怨，毕业前夕学院里举办毕业晚会，她熬了好几个通宵剪接视频，一点一点地做字幕。视频播放时那么多人感动流泪，她也坐在台下安静地看，但知道她辛劳的却没几个人，她也不会说。

我和她住在一起这么久，眼看她过得如此拼命和辛苦，却从未听过她一句怨言。她只是偶尔会说："其实我也羡慕你们能无忧无虑地长大啊，但是没办法，我有责任。"所以她大学四年，不仅没向父母要过一分钱生活费，还每年过年交给他们几千块。工作之后在房地产公司上班，每逢开盘便加班累到团团转。为了早点攒够钱买房子，她跟我描述的生活是"一分钱掰成三瓣花"。如今她的工资节节高升，但仍然穿最朴素最便宜的衣服，却攒钱给爸妈买最好的东西。

今年五一，我们小聚，我讲起我最喜欢的电影《百万美元宝贝》里的一段。热爱拳击的女主角拿到了艰苦比赛获奖的高额奖金，没有给自己买任何礼物，而是给妈妈买了新房子。没想到站在开阔明亮的新客厅里，她妈妈环视四周，气急败坏地说："你知不知道有了房子我就拿不到政府的低保补助了！"她拿着钥匙的手颤抖了几下，原本期待欣喜的表情从黯淡褪变成绝望。

我跟 H 说："我看这一段的时候总是想起你，当然了，后半段不符合。"H 大笑："后半段也符合，有了新房子我们家现在也拿不到低保补助了，除非我从户口本上独立出去，因为房产证是我的名字啊，哈哈……"

她一定不知道，在我苍白贫瘠的生活背后，因为她，因为她爽朗的笑声和弱小但蕴藏着巨大能量的背影，我竟凭空多了不知多少勇气。

我自己的另一个大学舍友，和 H 一样又坚强又磊落。实际上，我还有好几个舍友，一个是春夏秋冬四季都每天五点半起床或锻炼或学习、在院队连续三年获得校女篮冠军的勤奋小姐，还有一个是自学日语一年通过了二级、在上海过得金光闪闪的灿烂女孩。而在我如今的研究生女同学里，有人是《一站到底》某一期的站神，有人拿到了第一年年薪20万的offer，有人开了自己的公司，有人25岁便博士毕业。

没有名校光环，没有倾城容貌，也没有可以只手遮天的父亲，她们在自己选择的道路上踽踽独行，一步一步前往那个最想去的终点。在如此芸芸众生中，她们都是那么普通的人，但却用尽全力活出了最好的自己。

我在她们身边度过了成年之后最重要的时光。看着她们实习时起早贪黑、在寒冬大雪的公交车站瑟瑟发抖；看着她们写论文时殚精竭虑、在浩如烟海的文献中一步一步攀爬；看着她们工作后兢兢业业，在偌大的城市里找到微弱但温暖的光芒。

我欣赏身边的这些女孩们对校园对职场对生活的态度。她们在"剩女"被津津乐道的世界里坚持着宁缺毋滥的法则，毕业经年仍然保持着清澈的眼眸；她们在女博士被称为"第三性"的时代里守护着做学问的纯良，对枯燥无味没有尽头的学术生活保持着最初的热情。她们似乎天生具备一种独特的韧性，在荆棘遍地的大环境里既不呼天抢地也不故步自封，积极适应着种种残酷的法则，然后在孤独又狭窄的夹缝里倔强地成长着，直至幼弱的蓓蕾终于绽放出幽芳的香气。

我也不喜欢一个老气横秋的同学每每带着怨气絮叨:"这个国家坏掉了……"相比起来,我更喜欢陈文茜郑重其事的坦言:"在我成长的岁月中,日子不是一天比一天匮乏,反倒是一天比一天有希望,这是我们那一代人的幸福。"她并非盲目蔽塞,她只是看到在这片广袤的土地上,"忧患与安逸,悲剧与欢乐,永远并存"。

前几天看书,财经作者吴晓波面对一名大学生对于大学教育的失望与不满时说:"办法其实只有两个,一是逃离,坚决地逃离;二是抗争,妥协地抗争。"他在复旦大学读新闻系时,将数千篇新闻稿件肢解分析,一点点学习新闻写作的方法。因为老师说知识每一秒钟都在日新月异,所以他将自己关进图书馆,一排一排地读书。从一楼读到二楼,再从二楼读到三楼,最后读到珍本库。如今他说:"当我走上社会成为一名职业记者的时候,我一点儿也不抱怨我所接受的大学教育。到今天,我同样不抱怨我所在的喧嚣时代。我知道我逃无可逃,只能跟自己死磕。"

而我也愿意相信,无论酷暑隆冬,无论受难与否,天天都是好日子。在我们至短至暂的生命里,希望并非聊胜于无的东西,它是所有生活的庸扰日常。改用廖一梅在《恋爱的犀牛》中的一段话:"它是温暖的手套,冰冷的啤酒,带着阳光气息的衬衫。

它支撑着我们日复一日的梦想,让如此平凡甚至平庸的我们,升到朴素生活的上空,飞向一种更辉煌和壮丽的人生。"

既然逃无可逃,就一起死磕到底。

我想,总会有一条路能带我们走向最想去的地方吧。

一定是那些艰难的时刻成就了我们

文·伊心

朋友问我最近一次哭是什么时候。我想了一下,能想起来的有两次。

一次是中秋假期结束回青岛,火车一路晚点,原本8点就该抵达却硬生生地拖到了10点半。行李太多太重却打不上车,又找不到直达家门口的公交车站牌,荒芜的夜色里走了很久才上了一辆公交车,下车后还要走半小时才能到家。小路上空无一人,手掌被勒得生疼,满身汗水。两只手都提着东西,以至于天空突降骤雨时根本腾不出手来打伞。爸爸发短信问我到了没,我停下来回短信:"早就到了,都吃过晚饭啦。"

租的房子在5楼,楼道里的灯忽闪忽灭。是躺在了自己熟悉的床单上之后,被雨水打湿的头发找到了枕头之后,我才终于放声大哭了起来——为这一程黑漆漆的长路,为那一路上黯淡的星光。

也是在放声大哭的几分钟里,我竟放下了心里那些一直纠结着的爱而不得的人事,无声地跟自己说:"从这一秒开始,我要好好爱自己,才能对得起独自一人时的颠沛流离。"而那些我从前固执付出却一无所获的东西,且让它们都随风吧。

另一次哭就在上周末。截稿日临近,因为出差一周,只好将要修改的书稿存进U盘里带在路上。那一周工作量突飞猛进,不仅修改完了旧稿,还写了一万多字的新文章。周末出差结束回家,还没来得及将U盘里的内容复制到电脑上,结果在逛街回来之后轰然发现,U盘和零钱包一起不翼而飞了!

我沿路返回,确定自己再也找不回来时,坐在路边的椅子上痛哭流涕,丝毫不顾自己的形象。可哭过之后,还是要回家,冲个热水澡,然后凭着模糊的记忆将那一万多字重新写出来。

你看我们都曾将最柔软缱绻的内心交给最动荡不安的未来。它晴天里一个雷霆,你能听到心底的某个部分被"刺啦"烧焦了一块。它一阵疾风骤雨,有一团跳跃的火焰瞬间便被浇熄了。一盏灯灭,心里便暗了一块。

我反问这个朋友最近一次哭的经历,她说起了好几年前的一件往事。

那时她刚工作没多久,因业绩突出破格晋升,没想到之前视之为好朋友的同事为之愤怒不平。有一次开会,她像往常一样坐在了那个同事身边。还没坐稳,却只见同事狠狠地在桌子上摔了文件夹之后换到了别的位置,周围其他同事诧异地看过来,只有她一个笑容还僵在脸上。

她不气,只觉得伤心。当年她新入职,手把手教她用公司软件的,和这个会议室里当众给她难堪,暗地里冷嘲又热讽的,是一个人。

好几年后,她跳槽去了更大的公司,偶尔路过旧东家还能看见那个同事的身影。她仍然在做原来的工作,忙碌,得体地笑着,好像和数年前的样子并无二致。

朋友屏了口气又深深地呼出去。往事皆已飘散,而人呐,总要往前走。

大学毕业前夕,我、H还有班里另一个女生在宿舍里聊天。我当时还没有工作过,一直听那个女生讲述刚去工作的种种艰辛,听得我都为她感觉不值。后来她走了,我跟H说:"你看她工作好辛苦。"

H淡淡地笑了笑:"谁没有过一段辛苦的时光?"她大三的暑期在一个服装公司实习,刚入职正好赶上广东的盛夏,整整三周都在仓库里整理库存,极其闷热。毕业之后她换工作,去了北京的一家地产公司。当时我发短信问她,工作怎么样啊,生活还习惯吗。她说都挺好。可我经常是凌晨时才收到她回的短信,还见过她拍的幽暗的地下室照片。

那些在陌生的城市里,漆黑的深夜中,颠沛流离的经历总能悄无声息地改变我们。你发现自己大部分的内心开始变得坚硬与残酷,而柔软的部分则越来越少。也或许是因为越来越少,才想要拼尽全力去捍卫那一丁点儿的温情与不舍。而那些无谓的人事,再也不想空落落地等,再也不想燃尽一腔热血只换一盏冷饭残羹。

我们总能学会一个人修马桶,颤颤巍巍地攀到架子上换灯泡,应酬之后还能忍着头晕与反胃为自己调一杯酸奶来解酒。

但仍然感谢青春里那些艰难的时刻,那些异乡的漂泊,那些在暗夜里一边跟自己说着"加油"一边往前走的日子,一定是它们成就了今天的我们,让我们能有足够坚硬的躯壳去捍卫那些不可磨灭的柔软与美好,也有足够温暖的初心去拥抱那些终将到来的慈悲和懂得。

在那些最艰难的时刻,我只是一直走着,等那些漫山遍野如萤火一般的星光重新亮起来。

你总要度过生存期，才能谈梦想和未来

文 · 李尚龙

好朋友天儿考研结束后，离开了北京，去三亚发展了。虽然都不情愿，但我们还是默默祝福着。天儿不仅是我生活中的好朋友，更是工作上的好搭档。这些天，离开的人太多，忽然觉得日子像是一部电影的结束，也许过一段时间后，才能看起来像是一个新故事的开始。

这两天，我忽然想到，自己的电影工作室成立快两年了，不管作品如何，但最开心的两件事：做自己喜欢的事和交了这些好朋友。以为这个团队能持续很久，直到我们都有了孩子还会这么激情地说：赶紧拍起来。没想到，第一个离开的，竟是我的左膀右臂：天儿。

天儿在北京考了两年研，家里花了不少钱、上了不少不靠谱的英语培训班。考研的路上，他用闲暇时间来片场跟我一起拍戏。我们总是会一起讨论剧本和分镜头，谈谈最近电影院上映的片子好不好，总觉得这帮人只要在一起，就有机会写出好的剧本，拍出感动自己的作品。可第一年，天儿落榜了。

父亲给他在家乡安排了一个工作，说你这么大了，总要自立了吧，不能总花父母的钱了吧。

天儿倔强地说，再让我考一次，如果不行，我再回家。

天儿的女朋友和他异地四年，此时此刻也希望他回家发展。

天儿压力很大，一天晚上我开车送他回家，他说，我还是喜欢咱们在北京拼搏的日子，不想回去，但这样是不是有点自私啊？

我摇摇头说，人总要活得有点理想吧。

第二年考研前，天儿生日，他请我们吃饭。那天，他没怎么说话，吃完饭，我们就散了。我隐隐约约觉得他有事情瞒着我。

之后，我们也就没有了联系。我以为他考研忙，也没有过问。可直到考研结束后，我的新戏剧本创作完成，天儿回家静养，我准备等他回来开机。没想到的是，天儿给我的第一通电话竟然是，龙哥，我去三亚工作了。

他在电话里告诉我，他多么不想干现在的工作，他多么想继续我们的梦想。可是，他不能这么自私地总是做自己喜欢的事情，总要为家人考虑一下，去赚些钱，至少度过生存期。

挂了电话,我鼻子酸酸的。心想,如果我能发得起更高的工资就好了。

前几天我们办活动结束后,我跟大家说,你们知道天儿走了吧。他们很久没说话。这些年的打拼,感情太深。

朋友很不能理解,说人不能总是为了赚钱吧?

我说,你不懂,你有车有房。我们其他人也有能养活自己的工作,赚一些够自己生存的钱,然后再谈梦想。其实无论在哪,你都是先要解决生存的问题,才能谈生活和梦想……

我们的梦想还会继续,但是物质基础才是精神建筑的基石。没有生存基础,是很难谈梦想的。

在你实现梦想之前,需要做很多自己不喜欢的事情,需要走一些弯路才能知道自己爱的是什么。那些站着生活的人,谁知道他背后跪过了多少次。迂回的成功不可耻,但只要你还不忘当年的梦想,不让世界改变你,不变成自己讨厌的样子,你的坚持就没错。

一无所有的时候,先去做擅长的、能做的,能赚到钱,能积累到人脉,有了一定的资本,再去做自己喜欢的。

我想,任何梦想和生活,都是基于度过生存期那段连下顿馆子都计划再三的时光后的，否则，都是空中楼阁。在度过生存期的过程中，可能会失去一些宝贵的东西，或过得不如意。但不忘初心，记得每天提醒自己：这些黑暗只是为了今后的黎明，做这些不愿意的事情只是为了以后能更好地站起来，这样便好。

  愿我们都能度过人生黑暗的日子，看见明日的曙光。

没有一种痛是单为你准备的

文·马德

1

记住,这个世界,没有一种痛是单为你准备的。

因此,不要认为你是孤独的疼痛者。也不要认为,自己经历着最疼的疼痛。尘世的屋檐下,有多少人,就有多少事,就有多少痛,就有多少断肠人。

活着,就是要痛一痛的。有声有色地活过,其实就是有滋有味地痛过。当然了,有时候,你觉得痛,不是你有多苦,有多委屈,只是觉得自己很可怜、很无助、很孤单。

痛也是怕比较的。了断痛的一种方式是比较,把自己的痛放到万千的人群中,比完了,你也就放下了。

在芸芸众生的痛苦里,你才会发现,自己的这点痛真的不算什么。

有时候，能容下多少他人，
就能拥有多少快乐。

2

从理论上讲，我们身边有60亿人。但这一辈子，我们最多活在60个人中间。而让你至爱与至痛，至喜与至悲，至生与至死的，最多不过几个人。

这几个人，才是你的世界。

所以，更多的人，更多的事，你都不必去在意。在意得越多，就会沉陷得越深，就会纠缠得越久，就会被折磨得越苦。

简单点，简单便是快活。

3

心的愉悦，有两重境界：一曰饱，一曰滋润。

尘俗中有些事，譬如挣大钱、谋重权、赢盛名，鲜花掌声，轰轰烈烈。这种让心灵愉悦的状态，即为饱。但饱了之后，愉悦便不再是愉悦，而只剩下刺激了。

尘俗中的另一些事，譬如喝茶、访山、看云、赏月，风敲叶响，云动鸟惊。这种让心灵愉悦的状态，即为滋润。滋润给心灵的感受是，不厌，不腻，不绝。

这个世界上，凡是跟功利有关的事，于心灵，你只可以喂饱它，却不能滋润它。

4

有时候，能容下多少他人，就能拥有多少快乐。

换一个说法就是，你跟多少人作对，就是跟自己本该拥有的多少快乐作对。

有的快乐是自生的。有的快乐，是与他人和谐相处中获得的。结怨，会疼；周旋，会累。有时候，退一步，妥协一点，甚至投降一次，都不算什么，但你会一下子找到轻松快乐的自己。

生活没那么复杂，你把自己搞复杂了，烂摊子，也只好自己去收拾。

5

更多的人，关注的是你有多少钱，有多少套房子，在哪里上班，有什么职位，有多深的社会背景。因为，从世俗的角度衡量，这才是有用的东西。

同样是炫耀，你要是说这些东西，会赢得艳羡、仰慕甚至是尊重。但是，你若跟别人说，你每天看过多少次蚂蚁奔走，赏过多少次晚霞流逸，听过多少鸟叫，闻过几次花香，你的内心有多安宁，你的灵魂有多快乐，大家会认为你不过是无聊罢了。因为，在他们看来，这些都是无用的东西。

这个世界纷繁复杂，但你最好不要乱。学会放下一些东西吧，譬如那些不必要的面子，譬如那些无所谓的虚荣。

这样做，你就是最好地疼惜了自己。

现在的你，
正是最好的年纪

文·沐儿

那一年我20岁，在商场里试衣服，我看上的每一件，穿上都很漂亮。可我只是在镜子前转一圈，脱下衣服，抻平上面的皱褶，又小心翼翼地把它们挂回去，因为我没钱。

旁边一对中年夫妇，女的穿金戴银，一脸的雍容华贵，男的手里提了四五个不同品牌的衣服袋子。我承认我羡慕：我多想过她那样的生活，想买就买买买，出门不用等公交，私家车就停在楼下的停车场里。

十几年后的我，自己开车逛街，买东西也可以不再犹豫。可是，看中的衣服，穿在身上照一照镜子，就没有了购买的欲望。看着旁边20来岁的姑娘，我心里是嫉妒的，她们素面朝天就自带吸引力；她们的身材，即使是路边摊的衣服，也能穿出青春的韵味；即便裹着宽大的校服，也掩盖不住她们青春的气息。而我，已经是不化妆不敢出门，再也不敢去尝试街边小店衣服的年龄。

如果能回到 20 岁，我可以不要银行卡上的那一串数字。我在心里想。

我突然意识到，这一生，我们是不是总在羡慕别人？

1

小学时，我不想吃早餐，妈妈逼着我吃；我要穿裙子，妈妈非让我穿秋裤。我毫无办法，只能用哭来反抗这个世界。我多羡慕背着书包自己骑车上学的哥哥姐姐，风鼓起他们的衣服，自信在风里飞扬，叮叮的车铃声清脆悦耳。在我这个小学生眼里，他们的生活简直是五彩缤纷：他们已经能按自己的意愿穿衣吃饭，能自由支配课余时间，可以有心里偷偷喜欢的人，已经能掌控自己人生的方向。

可是，少年有少年的烦恼。有一天，姐姐不知道为什么哭了，她送我到小学门口，竟然对我说："我多希望能回到你这个年龄，无忧无虑；会因为一颗糖破涕为笑；夸你一句就可以开心半天。不用受暗恋的煎熬、没有写不完的作业、不用担心成绩下降，更不用考虑上哪所大学……"

2

我们终于上了高中,每天在腥风血雨般的竞争中拼搏,我们熬夜奋战题海,为一次两次考试的失利而伤心。抬起头来,看看已经在大学的昔日学长们,他们学习轻松、社团活动丰富,可以大明大白地恋爱,再也不用像我们现在跟喜欢的那个TA偷偷"接头"。

可是我们不会想到,那些上了大学的学长学姐,正在回忆他们甜蜜的初恋。那些感情,因为懵懂而美好,因为单纯而难忘。那时候的爱情,没有一丝杂质,不用考虑将来的就业和发展,不用考虑车子房子。

"最怀念的,是高三那些艰苦的日子,虽然苦不堪言,可每天忙碌而充实。那些日子,也许我这一生再也没有机会体验,但那是我们人生中真正奋力一搏的一段时间。高考虽然残酷,却是这个世界最公平的一次博弈。"已经考上大学的学长说。

3

经过惨烈的角逐,我们涉过重重险恶,一路过关斩将,终于

> 不要羡慕别人，不要想象将来多么糟糕。
> 过好当下每一天，才是最正确的事。

考上了当初憧憬的大学。

入学以后，才发现大学生活远没有想象的那样花团锦簇。每天吃吃睡睡，经常觉得迷茫，觉得百无聊赖。我们盼着毕业，早点找个工作，赚钱养自己、孝敬爸妈。

"学姐，大学的日子好无聊啊。真羡慕你，工作了，可以赚钱了。"你打电话说。

"是的，我毕业了。可是你知道不，2000元的底薪意味着什么？我该选择在大城市蜗居，还是回到小城市安稳？毕业了，一切现实的问题砸过来，我多想再回到大学，过几年学生生活。你现在还感觉不到，学生时代，其实是人生最幸福的一段时期。没有江湖，很少虚伪。"学姐低声地回答，语气里都是无奈。

4

再然后呢？二十七八岁还没有对象的我们，开始遭遇催婚。

等我们疲于奔命地相亲，坐在星巴克的桌子前，衡量着对方的软件和硬件，盘算着该留还是该撤的时候，我们叹息：如果是刚刚毕业就好了，虽然赚钱少点，可我们还有折腾的资本；我们可以跳槽、可以炒老板鱿鱼、可以换其他行业，一切，都还有机会从头开始。

而现在，买房、结婚、生孩子，我们已经没有了选择。即使现在这份工作如温水煮青蛙，我们也只能待在锅里，慢慢死去。因为，我们已经没有了试错的时间和胆量……

相信我，现在的你，正是最好的年纪。不要羡慕别人，不要想象将来多么糟糕。过好当下每一天，才是最正确的事。等到我们老去的时候，才会没有遗憾。

3月离世的足球明星克鲁伊夫，当他得知自己罹患肺癌以后，曾镇定地说："这是一件不幸的事，但我对自己的一生无怨无悔。我的职业是我热爱的运动，一生中的每一天，我都没有虚度。"

年轻时候，他驰骋球场，三次夺得欧洲足球先生称号；退役后，他拿起教鞭执教，战果累累。后来的十几年，因为心脏不好，他放弃工作，陪伴家人。每一个年龄段，他都过得有声有色。

在我的隔壁，住着一对荷兰老夫妻，男的86岁，老伴85岁。两个人每周打两次网球，每天都要出去走走。他们对现状很满意，最经常说的一句话就是：我们还年轻，还能自己照顾自己的饮食起居。相比他们，抱怨青春不再的我，真是太矫情了。

去年我在一所语言学校教中文，同事里大部分都是四五十岁的荷兰女教师。不管是开会还是上课，她们总是把自个儿打扮得美美的。她们喜欢穿色彩亮丽的衣服，用鲜艳的口红。

她们总是说："我们这个年龄多好，可以想去哪就去哪，旅游目的地可以自己决定。我们还年轻，身体还健康，爬山去海边，哪儿都可以。"一起去桑拿的时候，她们都大方地穿上比基尼："别说我肌肉还没松弛，松弛了也要穿。我这个年龄，还有这样的身材，我已经很满意了。"其中一个说。在她们的影响下，我也觉得自己还很年轻，渐渐对自己的那点小肚腩毫不在意了。

我们总羡慕自己这个年龄没有的东西，殊不知你的现在，正是被别人羡慕的最美的韶华。每一个年龄段，都有它特别的美好。

"我们现在所处的，就是最美的年纪。"愿我们一辈子都能记住这句话，相信这句话。

远方未必不苟且，眼前谁说不是诗？

文 · 徐嗖

1

大学有个同学，母亲在家务农，父亲外出打工，全家人都为了他能好好读书用尽心力。大二的时候，同学谈了个女朋友，便花钱如流水，不顾自己的经济水平，买衣服、请吃饭，甚至连女朋友的发小来旅游都要打肿脸充胖子，食宿全包。最夸张的一次，他一个月花光了自己一年的生活费，落得四处借钱的地步。

我说："兄弟悠着点，谈个恋爱不至于。"他却说："生活不止眼前的苟且，要有诗和远方，懂不懂？"我还真有些不懂了，我只知道这是不顾父母的苟且，还沉迷于诗和远方。

很快，他充满"诗和远方"的生活便无以为继，女朋友也把他甩了，借的钱还不上，生活一片愁云惨淡。后来他日日为了还债而奔波，过年连家也不敢回，整天一张苦瓜脸，连笑都笑不出来。

> 在苟且的生活里,只要能找到乐趣的真味,
> 诗和远方其实就在眼前。

试问,这样的生活哪里有乐趣?这样的"远方"哪里有诗?怕是连苟且也谈不上吧。人一旦迷失了自己,罔顾苟且只想诗和远方,最终只会落得比"苟且"更"苟且"的结局。

2

大学的室友老七是我们哥几个里面条件最不好的,我们好歹也会出去吃喝玩乐,他连去饭堂都舍不得吃好的,顶了天也就是一个月花上两三百,过得有多艰苦,想想都觉得害怕。他总是不好意思蹭我们的吃喝,所以我们出去聚会的时候,他老是缺席。

我曾经问他:"一个人在宿舍不闷吗?"他说:"不闷。"然后掏出几百元钱买的山寨手机,打开相册给我看他在学校里散步时拍下的樱花,美!

掂着他的大水壶在校园里瞎溜达,正是老七生活里一大乐趣。每当看到好风景,他都会用那像素低得没法看的手机,庄重地拍下,然后给我们分享。

有一次他坐火车从老家过来,火车站到学校足足20公里的路途,他硬是走着回来的。我们都以为他疯了,他却乐呵呵地和

我们说路上风景和车水马龙的感觉特别不错。老七说:"我虽然穷,穷人穷开心。不能人穷连快乐也不要了吧?"

海德格尔在《人,诗意地栖居》里曾说,所谓栖居是指人的生存状态,所谓诗意就是获得心灵的解放与自由。人的生活虽然苟且,心灵却有诗和远方——老七就是这样的人。在苟且的生活里,只要能找到乐趣的真味,诗和远方其实就在眼前。

3

几个月前,小轩意气风发地对我说她要去北京做新媒体的时候,我惊呆了。我说:"在广州,你可以轻松找到一份舒服的工作。北京竞争那么激烈,你又不熟悉这些,何必给自己挖坑呢?"

她踌躇满志:"不是说'生活不止眼前的苟且,还有诗和远方'吗?北京就是我的诗和远方,我不想在广州苟且。"

话都这样说了,我只能祝福她如愿看到远方的田野。

小轩刚到北京的时候,天天发布励志状态,大有"我来,我见,我征服"的气势,可是很快就没声音了……

年前,她辞去北京的工作灰溜溜地回来了。每每被人问及原

> 有乐趣的人不会担心生活的苟且，
> 因为他们知道诗和远方就在眼前。

因，她就说："北京有雾霾，工资也不高，房租水电一扣就不剩多少了，吃饭还得一块钱掰成两块花，周末都不敢出去溜达就怕烧钱，简直比眼前还要苟且。"

现在，小轩在一家合资企业做客户经理，工作得心应手，收入也不错。周末各种野炊、远足、徒步、聚会，生活多姿多彩，就连下厨做饭发的朋友圈也是诗意盎然。做饭与作诗，衣食与诗酒，她终归找到了生活的意义与乐趣，而不是追求表面上的诗和远方。

远方未必能看到田野，但是人只要找到合适自己的位置，发现生活的乐趣，谁又能说眼前的柴米油盐不是诗呢？

4

归有光在《项脊轩志》里写道："借书满架，偃仰啸歌，冥然兀坐，万籁有声；而庭阶寂寂，小鸟时来啄食，人至不去。三五之夜，明月半墙，桂影斑驳，风移影动，珊珊可爱。"

归有光虽穷，却能在自己的生活里"诗意地栖居"。月洒院墙、风摇影动，生活看似苟且，却满是诗。其实，你总以为自己在眼前的苟且里挣扎，假如暂时没法走到远方，那就去发现生活里的乐趣,属于你的诗和远方正在等你。

  找到自己现实的位置,解放出一个自由的心灵。有乐趣的人不会担心生活的苟且,因为他们知道诗和远方就在眼前。

你害怕一切坏结果,
反倒错过了所有好开端

文·徐噜

先讲一个可能许多人都看过的故事:有个21岁刚从大学金融系毕业的小兄弟在一线城市找不到工作,于是他回到老家,在省会的一家证券公司当一名普通员工。一年后,没房没车的小兄弟遇到了他心爱的姑娘,决定向她求婚。姑娘说,你没房子,我怎么嫁给你?小兄弟说,我工作毕竟才一年,存款不多。现在我给你两个选择,一是我拿这笔存款去交个首付,买个差点的房子;二是,你让我拿这笔钱去投资,过几年肯定能买一套大的。我觉得自己能力不错。

姑娘说,好,我相信你。于是,两人就这样裸婚了,当时租的房子特别破,天天晚上都有老鼠在天花板上开派对。

第二年,当他们迎来了自己的孩子,却依然没有买房。直到结婚第四年,这个小兄弟终于迎来了创业的好机会,跟合伙人开办了一家金融公司。两年后,公司经营状况不错,一家人才结束了租房的生活，买了一套还不错的房子。

对有的人来说，他们也许会觉得这个哥们儿是不是傻？存款都够交首付了，买个小房子安安稳稳过日子多好，投资失败岂不血本无归？好吧，让我告诉你，故事里的小兄弟名字叫巴菲特，那个跟着他熬苦日子的姑娘是他的太太苏菲。

我想，成功人士的字典里，可能不是没有"失败"，而是没有"退缩"二字吧。

当然，你能说你又不是巴菲特，自然做不到这样。但是，你勇于做出改变，朝着一个好的方向去努力，就算成不了巴菲特，你也能成为更好的你啊。

还是说你害怕改变现状，所以放弃了变好的可能性？

越是沉迷所谓"舒适区"的人，越是没有胆量改变。他们从没有好坏一说，就是原地踏步，但我们都知道，所谓原地踏步就是退步。

有个学妹特别让我佩服，人不高，样子也不漂亮，来自条件并不优越的农村。刚认识她的时候，她说话声音跟蚊子一样，在人群里也总是畏畏缩缩。有一次，她竟然报名面试了学院的辩论队。面试回来之后我问她结果怎么样，她说到现场鼓足勇气说了

> 勇于尝试或许并不一定能成功,但这次尝试说不定会为你打开另一扇通往新世界的大门。

一大通,反而被面试的学长辩驳得体无完肤,最后自己还特不争气地哭了。

我说,你平时胆子这么小,上去辩论不怕吗?她说她怕,而且怕得不行,想说的话根本说不清楚,不然也不会被人虐哭,其实她自己也想到会有这样的结局。

然而,她告诉我,她之所以会去面试辩论队,就是想改变自己畏畏缩缩、不敢表现的性子。虽然面试失败了,但是自己起码迈出了第一步。

辩论队难免需要知识量的积累,她为了准备面试更是天天泡图书馆,却也因此找到了读书的乐趣。后来,她因为读书多,知识面广,文笔也不错,被选进学院的创业比赛队伍里负责文案策划的工作。结果一举成名,获得大奖。毕业后,凭着创业大赛的经历进了一家世界500强公司做策划,工作比我晚,工资反而比我都高。

谁又能说我这个学妹面试失败的坏结果,不是她人生的一个好开端呢?有时候,勇于尝试或许并不一定能成功,但这次尝试说不定会为你打开另一扇通往新世界的大门。

浩南是我认识的唯一一个上学时期就开始创业并且最后获得

成功的人。大二的时候他组建了一个新媒体社团，拉了几个学弟学妹一起搞互联网宣传，帮学校的一些饭馆和纪念品商店做广告，赚赚外快。他发现这个行当还是有利可图的，后来就干脆拉上一群老友凑了一百万元启动资金，依托自己的社团资源在大学城开了一家传媒工作室。

我曾经问他，你就不怕创业艰难，惨淡收场吗？他说有担忧，但并不害怕。

现在做传媒都讲转化率，很多同类的工作室都怕学生虽多但最后消费转化率太低，不敢接大学城的线下项目。但是假如浩南怕亏本就什么都不接，那他就永远只是在支付员工工资，而无法收回成本。于是，他接了很多其他工作室不愿意接的那些利润不高甚至会亏损的单子。

他跟我举了个例子：有一次，一家大网站上线一款手机游戏，要在大学城做线下推广，因为舞台搭建之类的成本相当高，收完尾款自己还倒贴了好几万。但他一点也不觉得亏，因为他的周到实诚，那家大网站此后每次在大学城办活动要落地的时候都会找他来做。因为工作到位，他还和不少为活动站台的明星建立了良好关系。

> 命运害怕勇敢的人,
> 而专去欺负胆小鬼。

他说:"你看,我虽然在一次活动里亏了钱,但这却让我积累了强大的人脉和业务资源。光是怕亏,肯定什么都做不成。"我表示深以为然。

浩南有一句名言:要是怕输,我哪能有今天。

通向未知,人必须拿出勇气。当然,说勇气,并不是叫人横冲直撞直到头破血流。经济学里有个原理叫作:理性人考虑边际量。简单解释就是:比如你爬山,爬到半山腰渴得不行,看见有卖矿泉水的,价格是5元(山下才1元);但因为你实在太渴还是高价买了,说明这时候一瓶水给你带来的边际价值能值5元;当你喝了一瓶,还是有点渴,但比刚才好多了,考虑到价格高,先忍忍吧,不再买水了。这就是边际价值递减了。

因此,我们既要做勇敢的人,也要做理性的人。我们害怕一件事情,是害怕这件事打破了现有的平衡,最终得不偿失。那么,我们就应该分析,打破平衡的举动需要付出多少边际成本,又会产生多少边际价值:

第一,我需要拿出多少成本才能做某件事,包括但不限于:体力、脑力、时间、金钱。

第二,平衡打破后,事情往好的方向发展,你能得到什么价值,价值是否超过成本。

第三，平衡打破后，事情往坏的方向发展，你将失去什么价值，结果是否真的得不偿失。

第四，不是所有损失都是没有价值的，你应该考虑在这一方面虽有损失，但在其他方面能否产生令人满意的价值，而这个价值是不是能让你找回成本。

比如，我学妹虽然面试辩论队失败了，却因此培育了自己看书的习惯，扩充了知识面，得到了参加创业大赛的机会。再比如，浩南虽然在办一次线下活动时亏损了好几万，却因此积累了强大的客户资源和良好的口碑，为以后的业务发展铺好了道路。

张爱玲说："于千万人之中遇见你所要遇见的人，于千万年之中，时间的无涯的荒野里，没有早一步，也没有晚一步，刚巧赶上了，没有别的话可说，唯有轻轻地问一声：'噢，你也在这里？'"

在我看来，没有早一步，也没有晚一步，只有你敢迈出这一步，你的"命中注定"才真正属于你。

古罗马哲学家塞涅卡说：命运害怕勇敢的人，而专去欺负胆小鬼。

所以，请不要退缩，勇敢打破舒适区，不要因为害怕可能出现的坏结果，就避开了所有好开端。让你最害怕的事情，成为你成功的垫脚石吧。

你别急，
慢慢来

文 · Summer

经常在朋友圈看到这样的句子："要是一天有 48 个小时可以拿来用就好了。"

要忙的事情太多了。要提高绩点，要参加比赛，要做社团，要准备托福考试，还要挤出时间看书、学语言……但是到最后发现，好像什么也做不好。我自己也是，很多时候觉得分身乏术，需要学习的技能太多了，我在种种事情里面周旋，忙得焦头烂额。

在被绷紧的时间里，会有一个瞬间像是掉进巨大的无声空白。也可能是走得太慢，所以会有一种努力了一圈儿发现还在原地的错觉。大概是这个时代本身，成为了每个人生活的加速剂。我们在跟时代赛跑，被从四面八方伸来的时代的触角包裹着，加快速度跑到人潮的前面去。

某个学长还没毕业就收到了投行的录用函，同学中有人拿到了好几个商业模拟挑战赛的奖项，还有人通过了第三语言的资格考试。"努力"这件事的意义已经无须再强调了。它被印刻在每个人心里,然后被分散到每一秒滴答走过的时间里。

然而,催促自己往前走的这个过程,是带有副作用的。它的名字叫"浮躁"。在越来越快的节奏里,它一点点被胀大。它是一种可怕但也普遍存在的东西。

我一直觉得,所有形容气质的词语里,最美好的一个词是笃定。

你知道自己要做的事情,纵使已经有人把它做得很好,而你得从头学起,但依然沉着冷静一步一步地打下根基。内心秉持的是我要把它做好的想法,而不是我要比别人做得更好。每一个人都是这个浩瀚宇宙里的尘埃,很少有人会注意你究竟走得有多快。笃定是心里最宝贵的东西,你大可置身兵荒马乱里,看他人走得慌张又仓促,而你在自己的路上一点点向前,一点点收获。

我认识一个姑娘,在人群里不是耀眼的那种。学专业课,她把课本拆开来,每一章都细细读,自己画重点,整理框架。每一次问她问题,都发长长的语音给我,讲得清楚又详细。她跟同学一起做文学社团,最初只是分享文章,后来逐渐开始推荐书目。这学期社团的规模有所扩大,举办了很多次分享活动。她去云南支教,教案从框架到内容全部自己完成,小细节改了又改。她喜欢英国，默默做了很多准备后，今年夏天去了伦敦一所学院读暑期学校。和其他人相比，她走得很慢，但是一步一步慢慢获得了自己想要的东西。我觉得她身上有光，跟她聊天的时候安心又踏实。

每个人都会经历一个急着挣脱平凡人生的过程，清楚地知道很多想要的东西要自己去争取。但急是没有用的，谁也不能许你一个拼尽全力就可以意气风发的未来。眼泪和抱怨永远只是多余的。求而不得是一件熬人的事情，像一个得不到糖果而急哭了的小孩子。

我有没有想年少成名的心？自然也是有的。张爱玲十八岁写下《天才梦》。亦舒十五岁就被报刊编辑追到学校来要稿。我仍然记得，高中时没日没夜用手机把亦舒的小说看了又看。我也开始了自己的尝试。但后来，我收到过多次拒稿，慢慢知道写作这件事是要天赋的，也就不去强求。跟着高考的洪流走了一遭，终于有时间看自己喜欢看的书，慢慢积累，写了一些字，逐渐有了愿意听我说话的人。

我曾经把一段话在笔记本上抄了好几遍：

"一个人最好的模样大概是平静一点，坦然接受自己所有的弱点，不再因为别人过得好而焦虑，在没有人看得到你的时候依旧能保持节奏。这样或许会走得很慢，但会走得比谁都坚实，不用害怕一脚踩空，也不用害怕走到别人的轨道上去。"

人最不能辜负的是自己，连同那些走过的路。凡事皆有意义可寻，你糊弄过去的，终有一天要自己偿还。所以，那些为了刷绩点而学的专业课，为了考试而急忙背的单词，为了丰富简历而参加的活动，都只是一副一碰就倒的空架子。对于仓促走过的路，只留给岁月一张贫乏苍白的面孔。安全感是自己给的，在现实里困惑又挣扎着成长的时候，唯一能依靠的，是内心的笃定与踏实。

所以，你别急，慢慢来。

什么迷茫不迷茫，
不过是才华配不上梦想

文 · 蓑依

因为写稿的关系，我认识了在杂志社做编辑的女生小陆，工作三年了，依旧时不时地被领导训到叫苦连天。每当这个时候，她都会发狠地说："再训我一次，我就跳槽。"又过去了一年多，不知被训了多少次，她还是没有辞职，仍然口口声声："机会一到，马上走人。"

某一天，我问她说："如果你不做编辑了，你想好去做什么了吗？"她停顿好久回答："如果我知道我能做什么，早就辞职了。我现在迷茫死了。"

我试着问："你没有什么特别想做的事情吗？比如说从小到大一直有的梦想。"她不好意思地说："有啊，我想去做导游，不是国内的这种，而是带国际团的那种。""挺好的啊，为什么不去试试呢？"我问。

她噘着嘴说："你知道的，我英语六级都没过，其他的语种一个单词都不会读，我连哪个国家有哪些景点都不知道，还怎么带别人呢？"我想也是啊，这个梦想虽然听上去光彩照人，但实现起来确实有难度。

好奇的我接着问："为什么最后选择了做编辑呢？"她蔫了一样，说："本科学的中文，又不想做老师、考公务员，自己比较喜欢而且相对来说容易找到工作的就是编辑了吧。当时来这个小杂志社时，信心满满，想着把它作为过渡，等到能力达到了，有了一定的工作年限，就跳槽去一个大点的杂志社。

大学刚毕业时，我告诉自己，做一个好编辑就是我二十岁之后的梦想，但坚持到现在，我却觉得我一点不适合做编辑，社里来了新人都比我做得好，我作为老职工，却一直遭领导批评。我很纠结，我到底还能做什么？"

最近她把自己的心情换成了："迷茫死了，什么活在当下啊，如果连自己应该做什么都不知道，你怎么就能知道自己现在坚持的就是对的。"

说实话，看到这句话的时候，我是挺心痛的。因为我也有过很深的迷茫，到现在也还会时不时地对自己所做的事情感到怀疑。

但是我也知道，迷茫是生活的常态，很多时候，它只是才华配不上梦想而已。我们所能做的就是一点点让自己的才华养精蓄锐，在梦想的道路上，狂奔的更快一些，脚踩得更踏实一些。

最可怕的不是我们行动的慢，或是才华增长的少，而是我们一直停留在一个静止的状态，每天都在抱怨和厌倦中度过，而从没有为更好的自己做出一点改变。

小陆就是如此。虽然她经常被领导批评，但是我几乎没有察觉到她在努力修正自己的错误，每次都是发心情，抱怨一通了事，下一次，遇到这种问题，同样的错误还会照犯不误。

记得有一次，我们合作一篇人物专访的稿件，我采访完，整理好之后发给她，她告诉我字数有点超了，我说："我正好在外地，不方便用电脑，你可以帮我删一下，或者你若是不着急用，就等我回去之后再改。"

她没有回复，等我过了几天，打开电脑一看，那个稿件原封不动地躺在我的邮箱里，还附上了几句话："因为临近截稿日期了，我就把稿子直接发给了主任，主任说字数太多，又把我训斥了一顿，你看到稿件之后，一小时之内一定要删改好发给我啊，我们一定要尽快，否则我就完蛋了。"

我当时就惊呆了，与其让这个稿子在邮箱里放上两天，你作为一个编辑删删改改难道就不行吗？编辑难道没有这个责任吗？两天的时间足够改好一篇稿子了吧？

后来，我又听其他的作者抱怨她说："有一次，忘记了写某个旅游达人第一次出国旅游的时间，其实在网上一查就可以查到，她却非得给我打电话，让我去查，那次，正好没能及时接到电话，她还生气了。"

还有作者说："我拿到样刊后，看到我的文章里有好几个错别字，虽然我有错在先，但是作为编辑帮作者改几个错别字难道不应该吗？"于是，我似乎知道了她一直被领导训斥的原因，也明了了她为什么口口声声说自己迷茫的原因。

她不是被领导和其他人否定的，而是被自己否定的。既然你把做一个好编辑作为今后的梦想和事业，那就应该从点滴开始，按照好编辑的要求来训练自己啊，可是她却没有。说白了，在工作这件事上，吊儿郎当，别说是同事不尊敬她，连作者也有些讨厌她了。

她所谓的迷茫，就是作为一个编辑的才华，还配不上她想作为一名好编辑的梦想。这怪不得别人，有好几年的时间，可以改变自己来实现梦想，但她却没有让自己的才华和能力，哪怕增长一点点,到最后,只能给自己一个迷茫的定位,艰难度日。

我曾经以为好多人的迷茫是因为没有梦想,但后来我发现我错了。其实,每个人都是有梦想的,这个梦想可大可小,都是值得自己去奔赴的东西。

我有一个表弟,从小到大就是不招人待见的"坏孩子",打架骂人,凡是和坏有关的事情他都会去做。初中毕业后做了几年的厨师之后,突然转行去学习拳击,家里人都说他不务正业。

有一次,我问他为什么会有学拳击的想法,他有些腼腆地说:"我从小就想当一个健身教练,上学的时候打架,觉得打得过人家,就说明自己力量大、身体棒,长大之后,才知道必须经过专业的训练才可以。我这种野路子出家的人,不知道可不可以,但我还是想试一试。"

才华也是,有大有小。有大才华的人连吃个东西都可以吃出学问来,而普通之人的才华大多数都是小才华,需要付出很多的汗水和辛劳才能取得那么一点点的进步。

但即便如此,每天能处在一点点进步之中的人,绝不会迷茫,相反地,那些看不起或者无视小进步的人,才会真正地迷茫;那些对自己的才华不自知的人,才会真正地迷茫。

所以说，克服迷茫的方法，无外乎其他，就是抓住现有的生活，狠狠地向前，努力让自己做得更好，而不是站在那里，仰望天空，抱怨未来的遥远。

我想倘若小陆能够认真对待每一个稿件，即便她的起点很低，三五年的时间内，也足够完成一个华丽的转变，而不是像现在一样，如同刚刚大学毕业的学生，抱怨生活的艰难和工作的不适。

如果你有大才华，就去追求大梦想；如果你觉得自己的能力有限，才华也不够支撑起你的野心，那就安静下来，扎进小的失败和挫折中，汲取营养。如果不能成为豹子，那就成为一只漂亮高贵的梅花鹿也是好的，起码人见人爱。

不要迷茫了，把当下的、手头的工作做到极致，前途肯定会一片明朗。

请记得：

如果需要反省，一定不是在梦想上下功夫、徘徊不定，而是要在才华上卧薪尝胆，反思它为什么不能日渐丰满。